Tauro

Silvia Heredia de Velázquez

Tauro

A pesar de haber puesto el máximo cuidado en la redacción de esta obra, el autor o el editor no pueden en modo alguno responsabilizarse por las informaciones (fórmulas, recetas, técnicas, etc.) vertidas en el texto. Se aconseja, en el caso de problemas específicos —a menudo únicos— de cada lector en particular, que se consulte con una persona cualificada para obtener las informaciones más completas, más exactas y lo más actualizadas posible. EDITORIAL DE VECCHI, S. A. U.

El editor agradece a Rudy Stauder, director de Astra, su valiosa colaboración.

Traducción de Maria Àngels Pujol i Foyo.

Diseño gráfico de la cubierta: © YES.

Fotografías de la cubierta: © Andrew Parrish/Getty Images.

© Editorial De Vecchi, S. A. 2019
© [2019] Confidential Concepts International Ltd., Ireland
Subsidiary company of Confidential Concepts Inc, USA
ISBN: 978-1-64461-391-7

El Código Penal vigente dispone: «Será castigado con la pena de prisión de seis meses a dos años o de multa de seis a veinticuatro meses quien, con ánimo de lucro y en perjuicio de tercero, reproduzca, plagie, distribuya o comunique públicamente, en todo o en parte, una obra literaria, artística o científica, o su transformación, interpretación o ejecución artística fijada en cualquier tipo de soporte o comunicada a través de cualquier medio, sin la autorización de los titulares de los correspondientes derechos de propiedad intelectual o de sus cesionarios. La misma pena se impondrá a quien intencionadamente importe, exporte o almacene ejemplares de dichas obras o producciones o ejecuciones sin la referida autorización». (Artículo 270)

Índice

Introducción 11

PRIMERA PARTE: CUESTIONES GENERALES

Mitología y simbolismo 15

¿Está seguro de pertenecer al signo Tauro? 19

Psicología y características del signo 23
   La personalidad 23
   El niño Tauro 26
   La mujer Tauro 27
   El hombre Tauro 28
   La amistad 29
   Evolución 30
   La casa 32
   Las aficiones 33
   Regalos, colores y perfumes 34

Estudios y profesión 35
   Estudios ideales 35
   Salidas profesionales 36
   Dinero 38

El amor 39
   La mujer Tauro 39
   El hombre Tauro 41

Relaciones con los demás signos: las parejas . . .	42
Tauro - Aries.	42
Tauro - Tauro	43
Tauro - Géminis.	43
Tauro - Cáncer.	44
Tauro - Leo.	44
Tauro - Virgo.	45
Tauro - Libra.	45
Tauro - Escorpio	46
Tauro - Sagitario	46
Tauro - Capricornio	47
Tauro - Acuario	47
Tauro - Piscis	48
Cómo conquistar a Tauro	49
A una mujer Tauro.	49
A un hombre Tauro	49
Cómo romper con Tauro	50
Con una mujer Tauro	50
Con un hombre Tauro	50
La salud	51
Ficha del signo.	53
Personajes famosos que pertenecen a este signo . . .	55

Segunda parte: EL ASCENDENTE

Cómo calcular el ascendente.	59
Cálculo del ascendente.	60
Si es Tauro con ascendente…	73
Tauro con ascendente Aries	73
Tauro con ascendente Tauro	73
Tauro con ascendente Géminis.	74
Tauro con ascendente Cáncer	75

Tauro con ascendente Leo 75
Tauro con ascendente Virgo 76
Tauro con ascendente Libra. 77
Tauro con ascendente Escorpio 77
Tauro con ascendente Sagitario 78
Tauro con ascendente Capricornio 78
Tauro con ascendente Acuario 79
Tauro con ascendente Piscis 80

Tercera parte: PREVISIONES PARA 2019

Previsiones para Tauro en 2019 83
   Vida amorosa 83
      Enero. 83
      Febrero 83
      Marzo 84
      Abril 84
      Mayo. 84
      Junio 85
      Julio 85
      Agosto. 85
      Septiembre 85
      Octubre 86
      Noviembre 86
      Diciembre 87
      Para la mujer Tauro 87
      Para el hombre Tauro 87
   Salud 88
      Primer trimestre. 88
      Segundo trimestre 88
      Tercer trimestre 89
      Cuarto trimestre. 90
   Economía y vida laboral. 90
      Primer trimestre. 90

    Segundo trimestre 91
    Tercer trimestre 92
    Cuarto trimestre..................... 93
Vida familiar 93
    Primer trimestre..................... 93
    Segundo trimestre 94
    Tercer trimestre 95
    Cuarto trimestre..................... 96

Introducción

Siempre he admirado de Tauro la maravillosa capacidad que tiene de permanecer siempre con los pies en el suelo, incluso en medio de las situaciones más tempestuosas, sin perder nunca de vista el sentido práctico y, al mismo tiempo, hedonístico de la vida. Y sobre todo, gozando de la convicción absoluta de ser más fuerte que el destino, la voluntad y los sentimientos, tanto propios como ajenos.

Hace años conocí a una chica Tauro que se convirtió en una de mis grandes amigas, de la que recibí siempre una ayuda *materna*, aunque yo era mayor que ella. No he conocido nunca a nadie tan tenaz como esta chica. Enamorada de un hombre que iba de flor en flor y que sólo sentía por ella un afecto fraternal, se puede decir que nunca ha dejado de cultivar la idea de que un día sería suyo. Quizás ahora empieza a tener alguna duda, después de que el objeto de tanto amor se haya convertido en padre de cinco hijos. Pero en definitiva, dentro de su corazón, hay siempre un hilo de esperanza que se resiste a la evidencia más clara. A pesar de que ahora se ha convertido en una gran profesional, consigue encontrar el tiempo para las cosas que más le gustan: el canto, el cuidado de las flores, el amor por el campo y los manjares preparados con cuidado. Sería la mujer perfecta para el más exigente de los maridos pero ella no piensa en casarse. Quizás en su fantasía (aunque no se trate de una de sus cualidades más destacadas) piensa que un día tenga que ocuparse de los cinco hijos de su amado. Esta es una muestra de la paciencia de Tauro.

Después he conocido a un nativo de Tauro, el cual, desde muy joven, no ha dejado ni siquiera una vez de pensar en el éxito, en su carrera y en la realización de un futuro económicamente tranquilo. Partió de la clase media y, con el tiempo, ha conseguido construir un pequeño y sólido patrimonio; nunca ha tenido dudas sobre el acierto de sus elecciones y de sus metas. También él, como todos los verdaderos Tauro, adora la música, en la que se refugia en sus raros momentos de descanso.

Pero además de los personajes reales que he encontrado, cuando pienso en el signo de Tauro y su necesidad de estabilidad financiera, recuerdo el personaje de la señora Levi en *El agente de matrimonios* de Thornton Wilder y su monólogo, que había tenido ocasión de recitar en el pasado: «¡El dinero! ¡El dinero!... Es como el sol bajo el que caminamos, puede matar y puede curar. El dinero del señor Vandergelder... El señor Vandergelder no se cansa nunca de repetir que toda la gente es estúpida y, en cierta manera, tiene razón. ¡Él, Irene, Cornelius, yo misma! Pero en la vida llega siempre un momento en el que cada uno de nosotros tiene que decidir si quiere vivir entre los estúpidos o no... un estúpido entre estúpidos, o un estúpido solo... Sí, somos todos estúpidos y corremos el peligro de destruir el mundo con nuestra estupidez. Pero la forma más segura para no hacer desastres es concedernos a nosotros mismos esos cuatro o cinco placeres a los que tenemos derecho en este mundo... y para hacer esto se necesita un poco de dinero. El dinero, he pensado siempre, el dinero —perdón por la expresión— es como el estiércol: no vale nada si no se reparte un poco por todas partes para hacer crecer cosas nuevas».

Silvia Heredia de Velázquez

Primera parte

CUESTIONES GENERALES

Mitología y simbolismo

Una de las claves de comprensión de la astrología es el conocimiento del mito y su interpretación en clave moderna. En el mito existe siempre una verdad de orden moral y espiritual, vestida con trajes alegóricos, que la astrología hace propia y cuyos símbolos tienen que descodificarse. A través del mito podemos dar la vuelta a nuestros miedos, virtudes y pecados, y podemos comprender las bases arquetípicas del elemento humano, que se reflejan en el significado de los signos zodiacales y de los planetas que componen un tema astral. El propio C. G. Jung veía en el mito la expresión del inconsciente colectivo, es decir, de toda la experiencia humana acumulada en milenios de evolución.

Por lo tanto, la astrología nos cuenta a través de la metáfora mitológica y la sucesión de los signos, la historia de la humanidad y nos da indicaciones sobre el camino que todavía debemos recorrer. ¿Qué es, de hecho, la mitología, con sus personajes, sus ritos y su historia metafísica, sino el mundo entero en nuestro interior, lo que hemos sido, somos y seremos?

Como en muchos otros signos, los mitos relacionados con el signo de Tauro son numerosos y todos representan, de una forma u otra, la fuerza, la fecundidad, la unión con la tierra y con las divinidades femeninas agrícolas. El más importante y el más conocido es, sin duda alguna, el mito griego que narra la leyenda de Europa, la joven fenicia de la que Zeus se enamoró perdidamente. Se dice que el padre de los dioses, para poder raptar a la joven sin asustarla, asumió los rasgos de un espléndido toro blanco, se le acercó dulcemente y se arrodilló a su lado mientras la hermosa muchacha jugaba en la playa. Europa, admirada con tanta belleza, después de acariciarlo y mimarlo, subió sin ningún temor sobre él. El toro trotó ligeramente por la playa para distraer a la joven, que reía, cantaba y se divertía. Pero de pronto, antes de que Europa se diera cuenta de ello y pudiera liberarse, el toro se metió en el mar y, rápido como un caballo alado, surcó las olas y llegó hasta Creta, donde tomó forma humana y la poseyó. En recuerdo de ello, Zeus regaló al cielo la constelación de Tauro. De la unión de Zeus y Europa nacieron tres hijos; uno de ellos, Minos, añadirá otra pieza al mito taurino. Minos creció y un día provocó una discusión con sus hermanos por cuestiones de herencia. Para demostrarles su supremacía, Minos pidió a Poseidón que hiciera aparecer de las aguas un toro para sacrificarlo en su honor. El dios le concedió el deseo, pero el toro era tan bello y poderoso que Minos se lo quedó para él y lo sustituyó, en el sacrificio, por otro menos hermoso. Poseidón, enfadado, quiso vengarse de él e hizo que Pasifae, la mujer de Minos, se enamorara del toro. Pasifae, a la que se le atribuye también otro mito, el de la diosa lunar, se unió al toro y fue fecundada. Trajo al mundo a un ser monstruoso, de cuerpo humano y cabeza de toro, al que se dio el nombre de Minotauro y que, por su fiereza, fue encerrado en el laberinto que Dédalo había construido en el palacio de Cnossos. Para no exponerse a la violencia del monstruo, que se alimentaba de carne humana, había que sacrificar con frecuencia a jóvenes en la flor de la vida. Uno de ellos, el hijo del rey de Atenas, Teseo, decidió matarlo. Ariadna, la hija de Minos y de Pasifae, estaba enamorada de él y prestó ayuda al héroe: le proporcionó el famoso ovillo con cuyo hilo Teseo consiguió volver a salir del laberinto después de haber matado al Minotauro.

En el mito griego aparecen todos los elementos esenciales del signo de Tauro: la naturaleza humana que rechaza la divinidad ante el placer de los sentidos (Zeus que disfruta de Europa), la fertilidad (Europa tiene tres hijos, uno de los cuales, Minos, restablecerá la relación toro/hombre), la fuerza de los instintos y del poder que nos lleva a renegar de los compromisos adquiridos (Minos, al no sacrificar el toro que había prometido), los apetitos insaciables y violentos (Minotauro) y, en cambio, la capacidad racional y el sentido del sacrificio (Teseo), además del amor protector (Ariadna). Sobre todo se remarca el continuo conflicto entre racionalidad e irracionalidad, entre instinto y razón, una de las peculiaridades del signo.

Son muchos otros los mitos que se relacionan con el signo de Tauro y siempre son contradictorios. Uno de ellos es el de Mitra, el dios védico, que mata al toro primitivo, considerado el representante de los peores instintos, creado por Arimane, dios del mal. Del cuerpo del toro sacrificado nacerán vegetales y animales para representar, otra vez, la fecundidad. Por este acto de coraje, Mitra fue coronado por el Sol, que le reconoció todos sus poderes. Este mito representa la fuerza divina de la naturaleza humana, que tiene ventaja sobre los instintos bestiales y puede llegar a la trascendencia. Pero también en esta ocasión, el conflicto básico nace de la imposibilidad de que las dos tendencias convivan, algo que sucede muy a menudo en el individuo nacido bajo el signo de Tauro.

Finalmente, no podemos olvidar al buey egipcio Apis, que estaba consagrado a Osiris (el Sol) y sobre cuyos cuernos se situaba la media luna de Isis. En este mito se pretendía demostrar, quizá, la unión de las fuerzas masculinas con las femeninas para realizar no sólo el alimento, sino también la procreación. Sin embargo, el mito se puede entender también como signo de la paciencia del buey, que tira del arado y ayuda de esta forma a la madre tierra a dar sus frutos.

El glifo $ del signo de Tauro nos recuerda el Sol y la Luna, o el principio positivo y el negativo, sin los cuales la manifestación no puede realizarse. La segunda imagen sugerida es el útero femenino, que en Aries estaba vacío y esperaba ser fecundado, y en Tauro se presenta lleno.

El signo de Tauro empieza el 20 o el 21 de abril, cuando la primavera está en su plenitud, y la naturaleza nos presenta prados verdes y árboles floridos. La de Tauro es una tierra preparada para dar los primeros frutos, húmeda, abonada y bien irrigada, rebosante de fertilidad. Los huevos se abren y nacen pequeños polluelos, y las larvas empiezan a moverse. El ambiente está perfumado, los colores son intensos, la belleza se manifiesta en todo su esplendor (Venus en su expresión más sensual). El principio masculino se convierte ahora en principio femenino: la vaca, plácida y protectora, la gran madre. Y el toro se convierte en buey, paciente y unido a la tierra sembrada que ahora empieza a dar sus frutos.

Como ya hemos visto, en los distintos mitos está siempre presente la fuerza vital de la tierra, el placer en sus varias expresiones y las necesidades instintivas del ser humano, pero también su deseo de trascender estas últimas, que constituyen una primera barrera para alcanzar la perfección. Sin embargo, este deseo no siempre se cumplirá, puesto que todavía no está plenamente asumido por el espíritu. La primavera se complace por la fecundidad de la naturaleza y de los frutos que están naciendo. Por esta razón, el signo de Tauro está relacionado con la segunda casa, la de la posesión material, de los bienes muebles e inmuebles, pero también de todo lo que contempla, después del impulso creador de Aries, y de lo que debe nutrirse.

¿Está seguro de pertenecer al signo Tauro?

Si usted ha nacido el 19, el 20 o el 21 de abril puede verificarlo en la siguiente tabla. Los datos se refieren a las horas 0 de Greenwich. Para los nacidos en España, es necesario añadir una o dos horas al horario indicado (véase la tabla de la pág. 63).

día	hora	min
20.4.1904	12	42
20.4.1905	18	44
21.4.1906	0	39
21.4.1907	6	17
20.4.1908	12	11
20.4.1909	17	58
20.4.1910	23	46
21.4.1911	5	36
20.4.1912	11	12
20.4.1913	17	3
20.4.1914	22	53
21.4.1915	4	29
20.4.1916	10	24
20.4.1917	16	17
20.4.1918	22	5
21.4.1919	3	58
20.4.1920	9	39

día	hora	min
20.4.1921	15	32
20.4.1922	21	28
21.4.1923	3	5
20.4.1924	8	58
20.4.1925	14	51
20.4.1926	20	36
21.4.1927	2	32
20.4.1928	8	17
20.4.1929	14	10
20.4.1930	20	6
21.4.1931	1	40
20.4.1932	7	28
20.4.1933	13	18
20.4.1934	19	0
20.4.1936	6	31
20.4.1937	12	19
20.4.1938	18	15
20.4.1939	23	55
20.4.1940	5	51
20.4.1941	11	50
20.4.1942	17	39
20.4.1943	23	31
20.4.1944	5	18
20.4.1945	11	7
20.4.1946	17	2
20.4.1947	22	39
20.4.1948	4	25
20.4.1949	10	17
20.4.1950	15	59
20.4.1951	21	48
20.4.1952	3	37
20.4.1953	9	25

día	hora	min
20.4.1954	15	19
20.4.1955	20	58
20.4.1956	2	43
20.4.1957	8	41
20.4.1958	14	27
20.4.1959	20	16
20.4.1960	2	6
20.4.1961	7	55
20.4.1962	13	51
20.4.1963	19	36
20.4.1964	1	27
20.4.1965	7	26
20.4.1966	13	11
20.4.1967	18	55
20.4.1968	0	41
20.4.1969	6	27
20.4.1970	12	15
20.4.1971	17	54
19.4.1972	23	37
20.4.1973	5	30
20.4.1974	11	19
20.4.1975	17	7
19.4.1976	23	3
20.4.1977	4	57
20.4.1978	10	50
20.4.1979	16	35
19.4.1980	22	23
20.4.1981	4	19
20.4.1982	10	8
20.4.1983	15	50
19.4.1984	21	38
20.4.1985	3	26

día	hora	min
20.4.1986	9	12
20.4.1987	14	58
19.4.1988	20	45
20.4.1989	2	39
20.4.1990	8	27
20.4.1991	14	9
19.4.1992	19	57
20.4.1993	1	49
20.4.1994	7	36
20.4.1995	13	22
19.4.1996	19	10
20.4.1997	1	3
20.4.1998	6	57
20.4.1999	12	46
19.4.2000	18	40
20.4.2001	0	37
20.4.2002	6	20
20.4.2003	12	4
19.4.2004	17	51
20.4.2005	23	38
20.4.2006	5	27
20.4.2007	3	8
19.4.2008	18	52
19.4.2009	22	45
20.4.2010	4	31

Psicología y características del signo

La personalidad

Nacidos bajo el dominio de Venus, que expresa en este signo el aspecto más voluptuoso y carnal de su naturaleza, los individuos Tauro representan la primavera plena y la fecundidad de la tierra. En consecuencia, cada uno de sus actos no puede ser un fin en sí mismo, sino que debe producir un resultado visible y concreto. El trabajo, de forma particular, se convierte para ellos en el medio para tener siempre más, sea cual sea el esfuerzo y el sacrificio que precise.

Les gusta por igual el trabajo y la diversión, el cansancio y el ocio. Sensuales y golosos como muy pocos, consiguen casi siempre esconder esta característica detrás de una actitud ponderada que, al final, les defiende de los asaltos de los instintos, los cuales pueden ser potentes y transgresores. De hecho, el sentido común ayuda a estos individuos en todas las manifestaciones de su vida y, sobre todo, en los momentos de dificultad.

Dotados de una enorme resistencia al cansancio, saben trabajar sin perder nunca de vista ni los intereses inmediatos ni la meta que se han marcado. Su constancia y su tenacidad, que difícilmente tienen comparación, se unen a una fuerte ambición para resultar siempre premiadas. En efecto, es difícil encontrar individuos Tauro que, aunque hayan salido de una pobreza absoluta, no hayan alcanzado una buena solidez financiera. La posesión se convierte para ellos en seguridad. Sin poder apoyarse en puntos sólidos y seguros, los Tauro van a ciegas y se sienten infelices. Necesitan una tierra segura sobre la cual poner los pies, una casa propia, dinero que sea suyo. Por lo tanto, están preparados para afrontar obstáculos de cualquier tipo, a fin de alcanzar todo aquello que necesitan. Cuando se han planteado una meta, caminan con distinción, lentos y poderosos como tanques armados, sin prestar atención a lo que se interpone entre la base de partida y sus objetivos.

Inteligentes y con sentido práctico, difícilmente se dejan distraer por las fantasías y son capaces de alcanzar el mayor número posible de resultados. Aunque no sean particularmente brillantes, cuando encuentran un obstáculo, incluso si es más grande de lo previsto, saben superarlo rodeándolo con mucha paciencia.

Son tenaces y, en consecuencia, también testarudos. La tenacidad sirve para alcanzar resultados excelentes, pero la testarudez los lleva muchas veces a fosilizarse en actitudes obsoletas, que pueden hacerlos caminar fuera de su época. Pero como disponen de un excepcional sentido práctico, saben adecuarse externamente a lo que más les conviene antes de que esta actitud pueda perjudicarles, aunque no estén completamente convencidos de ello.

Para los nacidos en este signo, es muy importante la satisfacción de sus deseos, sean cuales sean. Este es quizás el aspecto más difícil de aceptar por estos individuos, que querrían, a nivel racional, dedicarse de forma exclusiva a su afán de posesión, sin tener en cuenta sus pulsiones primordiales. De aquí se deriva que muchas veces los instintos aventajen a la razón o se repriman totalmente.

En el primer caso, nos encontraremos con personas que gozan de la vida, epicúreos al máximo, que desahogan sus instintos en los sentidos y en un sexo alegre. Les gusta todo lo fuerte (sabores, colores, perfumes); llegan a exaltarse incluso con el olor de la tierra en un día de mayo o de una tarta casera; sin embargo, luego tienen remordimientos.

En el segundo caso, en cambio, nos encontraremos frente a individuos que tenderán a reprimir todas las necesidades que no estén estrechamente relacionadas con su sed de posesión, lo que puede hacer que se conviertan en máquinas de trabajar, con una única y obsesiva idea en la cabeza.

Una de sus debilidades es la pereza, con la que luchan con una tenacidad indescriptible y mucho más merecida, porque casi siempre tiende a tomar ventaja. Otra es la furia, que los inunda cuando pierden su proverbial paciencia y que puede hacer que se conviertan en sanguinarios y feroces, como el mítico Minotauro.

El amor por la naturaleza, con sus sonidos y sus colores, que en los nativos de Tauro es muy fuerte, se convierte también en amor por el arte, sobre todo por la música y por la escultura. Es difícil que no dispongan de una colección de discos, sobre todo de música clásica o de ópera, o que no toquen ellos mismos un instrumento, ya que suelen tener muy buen oído.

Su voz es normalmente cálida, voluptuosa y bien entonada; muchos cantan como solistas en pequeñas o grandes corales o, por lo menos, tendrían ganas de hacerlo. Y esto es sin duda alguna una suerte, porque los aleja, por lo menos durante un rato, de una vida demasiado al calor de las realizaciones prácticas. El amor por todo lo relacionado con Venus repercute también en su forma de ser. Son siempre cuidadosos, van vestidos con ropas de buen corte y con telas de calidad, quizá con un sentido de los colores demasiado intenso y llamativo. No vigilan tanto la moda como la duración y, por lo tanto, a pesar de que a veces pecan de un poco de tacañería, no miran gastos cuando se trata de comprar algo que les gusta o que les sirve.

En resumen, las mejores cualidades de los nacidos bajo el signo de Tauro son el sentido práctico, la paciencia, la perseverancia y la capacidad de enfrentarse incluso al cansancio más duro sin rechistar.

El niño Tauro

Este niño nace goloso y ávido de todo: de madre, de padre, de calor y de mimos. Si tiene la suerte de poder alimentarse con la leche materna, se agarra con sus manos al seno y, al igual que un pequeño Napoleón, parece hacer suyo el lema «Dios me lo ha dado, pobre del que me lo quite». La relación indisoluble con la comida continúa y se convierte a veces en el desahogo de sus pequeñas desilusiones. Siempre tiene la boca llena, posiblemente de caramelos, que come de dos en dos para sentir más la dulzura. Es muy celoso de sus juguetes, pero también de sus afectos y no soporta compartirlos con nadie. Aparte de esto, es un niño aparentemente tranquilo, que no se excede en nada, ni siquiera en la manifestación de los afectos, muy enraizados en él. Bastante posesivo, como ya hemos dicho, es necesario evitar herirlo con ataques más o menos aparentes a su naturaleza celosa si no se quiere que se cierre en un mutismo vengativo y obstinado. A veces es demasiado testarudo: por ejemplo, si se convence de algo, no habrá nada ni nadie que le haga cambiar de opinión. En la escuela será muy lento, pero constante y trabajador. En la adolescencia es importante practicar un deporte al aire libre o disponer de una casa en el campo, donde su endémica necesidad de estar en contacto con la naturaleza pueda verse satisfecha. Esto contribuirá a desplazar en él ese cierto inmovilismo que es característico del signo y le permitirá desahogar sus impulsos.

Si su vena artística es excelente, es necesario actuar de manera que la cultive, para conseguir que esta naturaleza venusiana dé lo mejor de sí misma. Podrá suceder que nos encontremos ante un futuro gran artista.

La mujer Tauro

Podría ser la encarnación de la mujer de otra época, la que todos los hombres, incluso los que dicen ser modernos, sueñan. Sensual, muy femenina, capaz de abandonarse en encantadores momentos de pereza entre una actividad y otra, es una perfecta ama de casa, aunque desarrolle una actividad profesional laboriosa. Es atenta y amable con las necesidades de los que ama o aquellos que ella considera bajo su jurisdicción. Tranquila y serena, se convierte en el sostén de la familia o de cualquier comunidad por su capacidad de organización y actuación, aunque puede llegar a ser excesivamente posesiva y entrometida. Sin embargo, cosecha éxitos por su extrema disponibilidad y por su tacto y por esta forma de ser y de vestirse un poco pasada de moda. Su ropa, de hecho, se relaciona con líneas sugerentes, escotes importantes, una tela suave, diseñada con flores multicolores, que destacan su cuerpo extremadamente femenino. Desde muy joven sueña con el matrimonio pero, instintivamente, busca una pareja bien situada económicamente, pues no le gustan los saltos al vacío. Sabe convertirse en una buena colaboradora y ayudar a su pareja a conseguir el éxito. Se trata de una mujer y de una amante apasionada cuando no tiene muchas obligaciones caseras. Después del cuidado de los hijos, la cocina, que ocupa mucho de su tiempo libre, y el cuidado de las flores (las mejores manos del Zodiaco para la jardinería), el tiempo de la mujer Tauro queda reducido al mínimo, aunque sabe encontrar un espacio incluso para el amor, en el que prodiga infinitas dotes de ternura. Como madre tiende a consentir a sus hijos, a los que ama visceralmente y protege toda la vida.

El hombre Tauro

Es el marido ideal, aunque un poco pesado. Es fiel por tendencia natural, sabe hacer perfectamente todas las tareas domésticas sin olvidarse de su papel de padre de familia o quizá de directivo en una gran industria. Además, sabe programar su vida como una operación contable, en que el debe y el haber cuadran perfectamente. Finalmente, es el compañero ideal para su mujer y sus hijos, pero considera que todo y todos le pertenecen. El cuerpo, el alma y los pensamientos de los que están unidos a él son exclusivamente suyos, lo que puede hacerse difícil si los demás no piensan de la misma forma. Si por casualidad esto sucede, es capaz de sortear todos los obstáculos. Aparte de esto, se trata de una persona con la que se puede contar en cualquier momento para una ayuda o un consejo. Sabe ver siempre el mejor lado de todos los problemas y de qué manera resolverlos, quizá sin prisa, pero seguramente con sentido común. En las relaciones personales puede ser o muy sociable o muy huraño, según si su espíritu práctico le sugiere una u otra actitud. En efecto, no pierde nunca de vista su interés personal y el de su familia, que tiene prioridad sobre todo, sentimientos incluidos. Esto hace que la vida de su pareja sea segura y esté protegida, pero también que tenga poca autonomía. Pero para los Tauro esto no tiene mucha importancia, puesto que les basta con estar seguros de que se satisfacen las necesidades de las personas con las que se relaciona. Generalmente, al hombre Tauro no le gustan los viajes y aún menos salir de su país; si puede, pasa sus vacaciones en lugares tranquilos, en contacto con la naturaleza, donde pueda encontrar restaurantes excelentes capaces de satisfacer su glotonería. En materia de alimentación no tiene gustos particulares y da prioridad a la abundancia y a la autenticidad de las viandas.

La amistad

Tanto el hombre como la mujer Tauro son amigos óptimos y sinceros, aunque su actitud de querer poseer cosas y personas los hace a veces un poco obsesivos. De todos modos, saben estar presentes cada vez que se les necesita. La mujer Tauro, de forma particular, asume en relación con las amistades, tanto masculinas como femeninas, con independencia de su edad, una actitud maternal, y es capaz de escuchar durante horas los problemas de los demás, para prodigar luego sus consejos con mucho sentido común. Los dos se interesan por los problemas que afectan a los amigos e intentan resolverlos cuando es posible. Esto alimenta en ellos la convicción de ser absolutamente indispensables; de aquí que se les acuse de intromisión, algo de lo que no son conscientes, aunque se les eche en cara abiertamente. Son generalmente muy hospitalarios y reciben a menudo en su casa, donde no falta nada para hacer agradable el encuentro. La mujer sabe preparar con gracia y buen gusto toda clase de tés y dulces, además de ser una gran conversadora. En su casa se está siempre muy bien y se tiene la impresión de ser bienvenido en cualquier momento. El hombre tiene en general menos amigos que la mujer, porque tiende a ser más selectivo. Le gustan las grandes comilonas caseras o en hostales de montaña. Tener un amigo o una amiga Tauro es una suerte, especialmente en los momentos críticos de la vida; podemos estar seguros de obtener su ayuda. A pesar de que en compañía tienden a excederse, son también muy sensibles y muy atentos a las manifestaciones de afecto. Un apretón de manos en el momento justo o un abrazo cálido los hace felices. Tienden a rodearse sólo de amigos que les proporcionen este sentimiento de tranquilidad afectiva.

Evolución

Según algunos investigadores, el ser humano, antes de su nacimiento, decide su propio plan de vida para continuar, en una nueva encarnación, las experiencias relacionadas con sus vidas pasadas. Para otros, es en cambio un dios el que decide todas las pruebas que el ser tendrá que superar. Sea como sea, en la nueva vida tendrá que saldar las deudas dejadas en suspenso, es decir, los frutos de aquellas acciones que en la anterior vida no fueron del todo positivas. Para hacer esto, tendrá que someterse a determinadas pruebas y cuando las haya superado, habrá dado un salto cualitativo y habrá subido un escalón más en la evolución espiritual que lo lleva a unirse con lo divino. La astrología, a través de los planetas y sus aspectos, los nodos lunares, los signos y las casas, puede proporcionar una clave de interpretación de aquello que se nos pide en la vida presente. Para quienes no creen en la reencarnación, podrá ser una indicación básica para vivir su signo de la forma más evolutiva posible. En este libro tomaremos en consideración sólo el signo de Tauro.

Tauro, el primer signo de Tierra fijo, representa, como ya hemos visto, el contacto físico inicial del ser con todo aquello que le rodea y que quiere poseer. Representa, además, la fertilidad, la necesidad de reproducir y ampliar lo que ya tiene. Finalmente, recuerda la fuerza primordial de los instintos y la necesidad de tener que controlarlos para no perder la naturaleza divina.

Estas características de fondo tienen que sublimarse, a través de un lento trabajo paciente y meticuloso, si el ser no quiere perderse dentro de un laberinto de un materialismo autodestructor. El idealismo, expresado en el mito por Teseo, tiene que convertirse poco a poco en patrimonio del nativo y, de esta forma, ampliar los límites de un horizonte que, en caso contrario, no serviría realmente para la evolución individual. Así pues, Tauro tiene que mirar más lejos y, en particular, al opuesto signo de Escorpio, a sus dudas y a la capacidad de discutir cada cosa, para hacerla morir y renacer varias veces. Se trata de un gran esfuerzo para Tauro, tan aferrado a la vida terrenal y a sus propiedades, pero que debe llevar a cabo para obtener una mejora cualitativa y vencer al Minotauro interior.

Conviene practicar la generosidad pero no la intromisión, hacer que el pragmatismo no se disocie de la armonía y de la belleza espiritual, y que la perseverancia no se reduzca a testarudez. Pero sobre todo, el nativo tiene que darse cuenta de que su afán en la búsqueda de certidumbres materiales depende del temor y de las inseguridades que la experiencia precedente en el signo de Aries ha dejado en su inconsciente. Si consigue llevar a un plano consciente el temor que le invade, podrá corregir sin duda alguna el alcance de sus deseos. Se trata sólo del segundo signo de la experiencia individual, por lo que no puede pretender disponer de todas las seguridades de un bagaje amplio. Ni siquiera puede encontrarlas sólo en la propiedad, en las adquisiciones materiales y en la satisfacción de los instintos. Si el nativo utiliza todas las cualidades artísticas de Venus, protectora del signo, podrá aprender realmente el arte de vivir, que consiste en conjugar juntos los verbos *trabajar* y *amar*, para conseguir la posesión de uno mismo. Si Tauro es consciente de sus posibilidades, puede conseguir transformar el propio elemento Tierra en un verdadero lugar de amor y atravesar el laberinto, símbolo de la dificultad del camino terrenal, para dirigirse hacia un verdadero crecimiento evolutivo. Por lo tanto, volvemos al mito para recordar que la figura del Minotauro representa los instintos brutales que cada ser tiene que derrotar. Para ello se necesita mucha fe y constancia.

La casa

A ser posible, Tauro debe disponer de dos casas, una en la ciudad donde está obligado a vivir por su trabajo y la otra en el campo, donde corre a refugiarse todos los fines de semana y en cuanto puede. En las dos es esencial el espacio. Al entrar, debe tener la impresión de encontrarse en un lugar en el que su fuerza vital disponga del espacio suficiente. Sobre las paredes claras colgará bellas pinturas al óleo que representan desnudos o escenas campestres. Prefiere los muebles sólidos, a ser posible antiguos, aunque puede conformarse con reproducciones artesanales, siempre que pueda sentirse seguro de su solidez. Si se trata de un individuo completamente integrado en la era moderna, escogerá muebles actuales, pero que le aseguren sobre todo su resistencia, porque difícilmente querrá cambiarlos a lo largo de su vida. Las tapicerías serán ricas: terciopelos con bordados o adamascados en tonos verdes, rosa o blanco. Grandes armarios acomodarán en su interior abundante ropa y lencería. La cama, cómoda y amplia, tiene que ser una pequeña obra de arte. Las plantas de interior adornarán profusamente todas las estancias y en el balcón habrá una infinidad de plantas con flores. No puede faltar el rincón para la música, donde podrá practicar con algún instrumento o bien estará situado un tocadiscos. La cocina es otra de las estancias a la que dedica muchos cuidados: tiene que ser luminosa y amplia, con la posibilidad de cocinar comidas caseras de toda la vida. Y luego, por todas partes, su gran debilidad: los espejos. Todo lo que se ha dicho puede modificarse si la Luna y Venus están colocadas en otros signos.

Las aficiones

El nativo de Tauro es un individuo aparentemente tranquilo, que hace de ello la razón de su vida. Por lo tanto, es difícil que le gusten los deportes rápidos como el esquí; en cambio, da preferencia al golf, el cual le permite permanecer en contacto con la naturaleza; a la jardinería, tanto en el campo como en la ciudad; a los largos paseos; a las lecturas y a escuchar música. Casi siempre está abonado a los mejores conciertos. Se dedica, casi siempre, al coleccionismo y a la búsqueda de las piezas en los mercados ambulantes. Busca viejos violines y espejos antiguos con marcos de calidad y, especialmente si también la Luna está en Tauro, cualquier tipo de escultura. Otra afición, especialmente para el hombre, es el bricolaje. No es difícil encontrarlo en los grandes almacenes especializados en este tipo de actividad; en este sector es capaz de desvelar una impensable fantasía. A las mujeres les gusta la pintura y se deleitan con los pinceles, y a menudo obtienen resultados excelentes. Tienen también unas maravillosas manos para la jardinería, capaces de hacer crecer plantas extraordinarias por su belleza y su originalidad y, si tienen una casa en el campo, quizá con un poco de terreno, realizan los injertos más extraños y dan vida a plantas fuera de lo común.

Regalos, colores y perfumes

Si quiere hacer feliz a Tauro, regálele algo de valor o una pieza artística. Sabrá apreciar infinitamente tanto lo uno como lo otro. También puede obsequiarle con una colección de discos o, si tiene la posibilidad, con un tocadiscos de alta fidelidad. Si fuma, una bonita pipa tallada, comprada en un establecimiento prestigioso, o una caja de cigarros puros de calidad. Si tiene una casa en el campo, puede decantarse por utensilios para la jardinería o una sólida hamaca, de las que tienen una base de madera. Si quiere regalar una prenda de ropa, debe dar preferencia a aquellas de corte clásico o, para el tiempo libre, al género inglés. Los géneros de punto tienen que ser de cachemir, y las camisas, preferiblemente de seda.

Los colores tienen que situarse dentro de las gamas pastel, pero han de contrastar los distintos matices de verde, del guisante al esmeralda, del verde prado al verde agua, y excluir totalmente el verde pardo, el gris verdoso y todos los verdes otoñales e invernales. Tanto el azul como el turquesa y el amarillo con matices particulares se adaptan a Tauro mientras que debe descartar el rojo, a menos que tenga a Venus en Aries. El blanco es uno de sus colores más benéficos.

Los perfumes son una parte muy importante de su aspecto, a menos que en este signo se encuentre presente también el severo Saturno. En este último caso existirá una verdadera aversión hacia los perfumes. Los hombres tienen preferencia por las colonias de aroma intenso, y las mujeres, por todos los perfumes muy cálidos y muy sensuales. Adoran, de todos modos, la clásica y perfumada rosa inglesa y el intenso jazmín, en los que se bañarían hasta tres veces al día.

Estudios y profesión

Estudios ideales

Son muchos los estudios adecuados para Tauro, en particular todos aquellos que precisan un método racional. De todos modos, también es necesario conocer la posición de Mercurio y de Saturno en el tema astral antes de tomar una decisión al respecto. De hecho, es muy importante establecer, en primer lugar, a qué tipo de Tauro pertenece el futuro estudiante. Casi todos los nativos dan a veces la impresión de que son lentos a la hora de aprender o incluso dan muestras de una cierta cerrazón. Salvo casos muy raros, Tauro tiene una inteligencia práctica y sólida, pero tiene que estar convencido de lo que aprende. Cuando Tauro ha aprendido una cosa ya no la olvida. Le gustan casi siempre los estudios de contabilidad, que luego pueden abrirle la posibilidad de un puesto en un banco, o los de delineación, que pueden proporcionarle una oportunidad laboral en el mundo de la construcción. Las asignaturas más indicadas para él son las ciencias. A partir de esta idea, carreras como la economía o la ingeniería agrícola deberían estar entre las mejores opciones para ellos. Aunque posee unas dotes artísticas sobresalientes, es oportuno que las desarrolle paralelamente a otros estudios (difícilmente se adapta a una carrera puramente artística); por ejemplo, podría obtener grandes resultados en el conservatorio.

Salidas profesionales

Para escoger una profesión, Tauro no sigue generalmente su propia naturaleza, sino una serie de indicaciones generales: en primer lugar, la rentabilidad que obtendrá; en segundo término, aquello que le exigirán en un futuro y, por último, qué posición podrá alcanzar. Después de hacer estas reflexiones, parte al ataque del mercado de trabajo, con independencia de los estudios realizados y de sus sueños, que por otro lado siempre están bien anclados en la realidad.

Le gusta el trabajo, al que se enfrenta con sentido de la responsabilidad y también con mucha claridad; la fuerza, la calma y la obstinación que utilizará en cualquier empleo serán tales que todos los obstáculos desaparecerán uno por uno y harán su camino cada vez más fácil.

No le convienen las profesiones que precisen una inteligencia vital y curiosa, como el periodismo. Tampoco se adapta a los trabajos en empresas de relaciones públicas, no por falta de capacidad, sino porque no consigue soportar las actividades relacionadas de alguna forma con lo efímero o en las que no se perciba un resultado tangible.

En cambio, podría ser un óptimo ingeniero, un administrador, o incluso un campesino que consigue que la tierra dé muchos más frutos que a los demás. Si además ha cursado estudios en la facultad de agronomía, encontrará con facilidad salidas profesionales en las grandes empresas químicas donde se producen fertilizantes o similares.

Como empleado podremos fiarnos de él de forma absoluta, sobre todo si le confiamos tareas muy precisas; como profesor tiene una gran capacidad, especialmente en matemáticas.

Las mujeres Tauro son óptimas secretarias de dirección y se convierten en auténticos álter ego de sus jefes, puesto que su feminidad se combina perfectamente con la organización racional; esto las convierte en insustituibles en poco tiempo y las lleva a realizar encargos muy delicados y prestigiosos. Si no ha estudiado, Tauro se adapta también a hacer de operario en cadenas de montaje, donde rápidamente destaca como el mejor, pues nunca se cansa ni modifica su ritmo de trabajo. Por el contrario, no está preparado para trabajar en lugares donde se pasa de una tarea a otra sin tener nunca un encargo muy preciso. Si tuviera que encontrarse en una situación similar, podría llegar a sufrir un agotamiento nervioso en poco tiempo. En el ámbito artesanal, se adapta a todas las actividades de la confección o relacionadas con la estética, los masajes o la peluquería.

Si en cambio ha estudiado en la universidad, puede convertirse indistintamente en un gran proyectista o en un economista de alto nivel. Podría dedicarse a la asesoría financiera o a la recuperación de créditos, a los análisis de balances o a la gestión de complicadísimas sociedades, actividades en las que su proverbial paciencia conseguiría colocar en su lugar todas las piezas.

Otras salidas profesionales podrían encontrarse en los tribunales, con el cargo de secretario. Son pocos los que saben organizar como los Tauro los legajos y encontrar todos los puntos de referencia de una causa. Como abogados se adaptan sólo a la especialización de derecho civil, ámbito en el que se pueden convertir en verdaderos genios, pues son capaces de encontrar las más pequeñas sutilezas que se hayan podido escapar a aquellos con menos paciencia que ellos. Si, en cambio, tuvieran que dedicarse a la psicología se aconseja una especialización en el ámbito laboral; su racionalidad puede convertirlos en poco tiempo en docentes o investigadores universitarios. Difícilmente se dedicarán a ser psicólogos puros. No podemos olvidar el arte, en el que Tauro sabrá sobresalir, sobre todo en la pintura y en la música, tanto de forma individual como en la enseñanza.

Dinero

Se trata realmente del sector en el que Tauro, salvo que posea fuertes valores contrarios, sobresale: es experto en saber ganarlo, gastarlo y, en especial, acumularlo.

Son pocos los signos que poseen esta capacidad y Tauro los supera a todos. Se trata de una relación que se podría definir como recíproca: el nativo de este signo va al dinero como este va a Tauro. Si por herencia no tiene demasiado, durante su vida consigue reunir una discreta cantidad y no pierde ninguna ocasión que le pueda proporcionar la posibilidad de añadir más. Pero generalmente, no se dedica tanto a ahorrar dinero como a comprar cosas que se pueden tocar y ver. Sin duda, su primer gran gasto será la casa en la que quiere vivir, mientras que el segundo irá para su segunda residencia, donde podrá pasar el tiempo libre. Después de establecer estas dos bases, para él muy importantes, comprará muebles u otros adornos, pero siempre con un valor de base claramente cuantificable, que le permita venderlos de nuevo en caso de necesidad. Tanto para el hombre como para la mujer, el dinero es un tema constante de conversación. Tiende a declarar inmediatamente qué le ha costado cualquier cosa que haya comprado y, de la misma forma, pregunta a los demás el precio de sus compras, sin la más mínima duda sobre la conveniencia de su pregunta. La mujer, cuando un hombre le hace la corte, no tiene ningún problema para preguntarle cuánto gana, cuánto ahorra y cuánto cuesta la ropa que lleva. Y hace lo mismo cuando habla de su pareja con alguien: lo primero que dice sobre él es si es rico o pobre.

Pero todas estas características básicas de Tauro no quieren decir que sus nativos sean tacaños, avaros o interesados. Sencillamente, dan al dinero un valor muy importante, porque les permite tener las cosas que les gustan y saben que sin ellas la vida puede hacerse bastante pesada.

El amor

La mujer Tauro

La mujer Tauro se encuentra entre las más admiradas y buscadas y, por lo tanto, no le faltan posibilidades de relación, que ella misma provoca inconscientemente con sus atractivos. Los hombres ven en ella a una diosa. Si está libre se deja llevar sin pensárselo mucho; en caso contrario controla la situación con gran estilo. Siente de forma instintiva que la sexualidad es un componente esencial de su personalidad.

Difícilmente se siente agredida por el hombre porque sabe que una relación física sólo es posible si ella quiere. Es muy raro, pues, que asuma actitudes de condena hacia quien la ha poseído; generalmente se entrega, cuando le parece oportuno, con mucha dulzura, no exenta de alegría.

Normalmente, se trata de una verdadera fuerza de la naturaleza, desencadenada como pocas, tanto en la alegría como en sus enfados, pocos pero potentes. Cuando decide conquistar a alguien se lanza con una pasión sin igual; sin embargo, si se da cuenta de que se está equivocando, se detiene para reflexionar y adopta una estrategia más adecuada. Se trata de una mujer que puede provocar miedo a las personas a las que no les gusta comprometerse, pero hay pocas personas que sepan ser como ella, tan apasionadas y generosas. Su comportamiento es siempre natural e, incluso en los momentos de crisis, es siempre vital. Frente a los sentimientos y a las pasiones no conoce el significado de la palabra *calma*, que usa en muchas otras facetas de su vida. Cuando quiere a alguien se siente la absoluta dueña del ser amado.

Como el hombre, es celosa y posesiva, y se debe estar atento para no darle motivos de duda. De todos modos, es difícil que se le escape el más mínimo matiz.

Cuando la relación toma un aire más serio, la mujer se comporta más o menos de la misma forma que el hombre y, si se decide por el *sí*, se trata generalmente de un *sí* eterno, a menos que la desilusionen, en cuyo caso se siente libre de comportarse como mejor cree. Si, en cambio, todo va bien, se convierte en una mujer y una amante apasionada y dulce, que sabe disfrutar de cada pequeña manifestación de afecto y que sabe apreciar en su justo valor las demandas de su pareja, a la que, a su vez, recubre de ternura y de infinitas atenciones. Por la mañana se levanta siempre la primera para que se encuentre el desayuno preparado en una mesa bien dispuesta, incluso con una flor en un pequeño jarrón. Se ocupa de su ropa con mucho cuidado e intenta prepararle siempre algún manjar que le guste especialmente. Sabe hacer también que se sienta importante y muy competente, lo que sirve para cimentar la unión. En definitiva, se trata de una perla de mujer, a menos que un Venus mal situado tire por la borda todas estas cualidades (esto se puede ver sólo en el tema personal). En general es afectuosa, sensual y protectora y no le dan miedo los sacrificios. Pero le gusta tener las ideas claras sobre su papel, que, sea cual sea, tiene que garantizarle encanto y protección. Totalmente incapaz de desarrollar complicaciones a nivel psicológico, no consigue ni siquiera entender las de los demás. Por ello no sabe convertirse en la compañera de quienes vivan perennemente con conflictos interiores de difícil solución o de personas demasiado cerebrales.

El hombre Tauro

A pesar de su aire flemático, Tauro se incendia con bastante rapidez y entonces, como el gato con el ratón, asedia a su víctima con mucha calma pero sin abandonar. Evita cualquier paso en falso y consigue, casi sin querer, hacerla caer en su red con mucha facilidad. De aquí a los avances más atrevidos hay un paso muy corto; tras una cena a la luz de las velas, la meta será una agradable alcoba. Esto sucede cuando no se presentan implicaciones sentimentales o afectivas y la naturaleza sensual de Tauro toma la delantera. De todos modos, no significa que no sea sincero y que quiera engañar a alguien; simplemente da rienda suelta a la parte más primitiva de su naturaleza y a sus apetitos sexuales, que están siempre situados por encima de la media.

Cuando se encuentra implicado emotiva y afectivamente y pretende empezar una relación seria y duradera, se lo piensa muchas veces antes de declararse porque quiere estar seguro de sus sentimientos y de los del otro.

El miedo a equivocarse le hace casi siempre lento al tomar una decisión, también en el ámbito amoroso. Se siente atraído, por lo tanto, a valorar con mucha atención los pros y los contras de cada relación que empieza. Por ello evita inútiles romanticismos y permanece siempre bien anclado, incluso con amores apasionados, en los hechos concretos. En las manifestaciones amorosas es sencillo y espontáneo, sin complicaciones intelectuales. Su caricia es decidida y natural, nunca blanda, incluso cuando está caldeada por la pasión. Su físico no es nunca ofensivo sino caluroso, calmante e incluso protector. Sabe unir estrechamente el sentimiento y la sensualidad. Sin embargo, no le gusta dar más de lo que recibe, tanto en cantidad como en calidad; este es uno de los motivos que lo pueden llevar a rupturas definitivas.

Si la pareja está formada por dos personas a las que les gusta de la misma forma el sexo y que desean una satisfacción recíproca, la pasión puede durar toda la vida. Incluso el hecho de compartir los placeres comunes de los sentidos, como una buena comida, un delicado aperitivo, un masaje oriental y un baño en la misma bañera, puede constituir un motivo de aumento constante de la pasión. Tauro es el signo que más sobresale a nivel de fidelidad, salvo las excepciones normales o que la pareja no corresponda a sus deseos sexuales. De hecho, no consigue soportar las uniones puramente afectivas. Si esto sucede se siente absolutamente libre de tener todas las aventuras que puedan imaginarse, en las que la falta de inhibiciones podría constituir un peligro. Es celoso y posesivo por naturaleza y considera el amor como una de sus propiedades exclusivas. Es capaz de hacer una escena si ve a su mujer hablando con alguien en un lugar público. Y no hablemos de si cree intuir un posible ataque a su pareja, pues se convierte en una fiera. Luego se avergüenza. Sin embargo, es capaz de sentir un amor profundo y duradero, que no se verá nunca atacado por la frivolidad o la inconstancia y que desea que produzca una descendencia, a la que sabrá amar y proteger como pocos padres.

Relaciones con los demás signos: las parejas

Tauro - Aries

No es realmente una de las mejores, puesto que allí donde Tauro se detiene a pensar, Aries se lanza al ataque. Como consecuencia, nunca van al unísono. Además, la pasión de este último es intensa pero apresurada, mientras que Tauro busca placeres más completos. Por lo tanto, se trata de una relación que puede empezar bastante bien, sobre todo si la mujer es Tauro, en cuyo caso se sentiría atraída por el dinámico Aries, pero difícilmente puede continuar sobre bases serias. Si en cambio, el hombre Aries tuviera Venus o la Luna en Tauro, la unión sería posible, aunque en las relaciones cotidianas podría surgir alguna nota discordante. Aries encontrará los apetitos de Tauro excesivos y su comportamiento aburrido, mientras que este considerá que la excitabilidad de su pareja es insoportable y que su originalidad amorosa resulta bastante decepcionante.

Tauro - Tauro

Esta pareja, aunque presenta valores de fondo similares y, por lo tanto, quizás excesivos en un cierto sentido, consigue convertirlos en el motivo de éxito de toda una vida. A nivel sexual se entienden de maravilla, salvo que los recíprocos Venus estén en posiciones infelices; lo mismo sucede en la vida cotidiana, y mejor aún en la economía. Además, los gustos son muy similares en todo. Se trata, pues, de una pareja que puede permanecer indemne durante toda la vida y mantener inalterable la pasión del principio, que incluso puede llegar a refinarse a medida que pasa el tiempo. Existe el riesgo de que toda esta armonía pueda hacerse aburrida y que la necesidad de transgresión, siempre latente en todos los Tauro, pueda alimentar el deseo de experiencias diversas, aunque sean más difíciles de lograr. Todo depende del nivel espiritual de la pareja.

Tauro - Géminis

Esta pareja no funcionará, a menos que Venus y la Luna estén muy bien colocados. Tauro se siente muy estimulado por la intelectualidad de Géminis, pero no comprende en ningún caso sus mecanismos mentales. Este, por su parte, no consigue ni siquiera comunicarse con su pareja, a la cual tiene por muy serena e interesada sólo en los bienes materiales. En cambio, podría ser una óptima ocasión para Tauro para ampliar sus horizontes y vivir de una forma un poco más irreflexiva. Si los caminos del amor, que son infinitos, hicieran enamorarse a dos individuos tan distintos, es mejor no apostar por la duración de esta relación.

Tauro - Cáncer

Se trata de una combinación óptima, tanto para la mujer como para el hombre. Es quizás una de las mejores porque aunque no dispone del estatismo de la pareja Tauro-Tauro, tiene todas las prerrogativas para dar a cada uno su dosis de amor, dulzura y pasión. Cáncer desarrolla toda su latente sensualidad, que puede llevarle a momentos de éxtasis maravillosos, mientras que Tauro afina sus dotes para amar con una mayor dulzura. En la vida cotidiana, ambos se apoyan de forma maravillosa. Los gustos son bastante similares y, de todos modos, Cáncer acepta los del otro. Sin embargo, existe una dificultad; Cáncer pretende que se le entienda sin hablar y está sujeto a cambios de humor que a Tauro le cuesta comprender. Por lo tanto, pueden aparecer dificultades sin una base real pero, casi siempre, puede llegarse de nuevo a un acuerdo.

Tauro - Leo

Podría incluso funcionar bien, pero tiene que tratarse de dos personas excelentes. En este caso, la sabiduría de Tauro ayudaría a Leo a tener una visión más real de la vida y a moderar sus delirios de grandeza, mientras que la magnanimidad de Leo podría atenuar el a veces excesivo sentido del ahorro de Tauro. Generalmente se trata de una unión problemática entre dos signos fijos que no tienen muchas ganas de discutir, pues cada uno está convencido de la bondad de sus ideas y posiciones. Además, Tauro encuentra a Leo demasiado vanidoso, mientras que este considera a su pareja un trabajador fanático. A nivel sexual, el encuentro puede funcionar porque ambos tienen una considerable carga erótica. La combinación resultará más fácil con la mujer Tauro, que sabrá gratificar adecuadamente a su pareja.

Tauro - Virgo

Se trata de una unión duradera, aunque aburrida a veces. Son personas concretas, sabias, de segura confianza, pero bastante faltos de fantasía o de esas pequeñas locuras que pueden dar sabor a la vida. Por lo general y si se trata de nativos puros, todo está siempre pacientemente programado y se desarrolla bajo el lema del sentido común. Por el contrario, si cada miembro de la pareja tiene planetas en signos más brillantes, es posible que la unión, aunque sólida, no caiga en la obviedad y en el aburrimiento. En particular, la pasión de Tauro podría dar a Virgo ese impulso amoroso que, por pudor o inhibición, mantiene escondido demasiado a menudo. Por su lado, este último podría estimular en su pareja una cierta necesidad de perfección que repercutiría benéficamente en la relación.

Tauro - Libra

Bajo la protección de Venus, buscan continuamente el amor, aunque con aspiraciones diferentes. Casi siempre se sienten atraídos y rechazados recíproca y simultáneamente, sin saber tomar decisiones claras y definitivas. Tauro ve en Libra, del que aprecia su estilo refinado, todo lo que le gustaría ser y no es. Este último, aunque se siente fuertemente atraído por Tauro, considera su vital y golosa sexualidad demasiado ingenua y, por lo tanto, considera que no responde a sus cánones de refinamiento. Todo esto puede crear una unión que, precisamente porque es ambivalente, puede durar mucho tiempo, pero con altibajos, entre rupturas y reconciliaciones. De todos modos, depende mucho de la posición de Venus y de la Luna de la pareja masculina. En líneas generales, no es una de las mejores parejas del Zodiaco.

Tauro - Escorpio

Se trata de la pareja por antonomasia, que se rige sobre todo por la fuerte atracción física y por la necesidad, más o menos consciente, de convertirse el uno en víctima del otro y viceversa. Realmente, no se puede hablar de tranquilidad cuando nos encontramos frente a una pareja de este tipo, sino de lucha continua. Este combate ayuda a consolidar la relación. De hecho, es difícil que el amor entre los dos pase inadvertido porque normalmente está repleto de escenas melodramáticas. La más pacífica quizá se puede verificar entre el hombre Escorpio y la mujer Tauro, sobre todo por la disponibilidad de ella a servir y mimar a su hombre, aunque lo posea completamente. El hombre Escorpio no tendría dudas sobre su propia virilidad y regalaría a su amada mucho afecto y pasión.

Tauro - Sagitario

Extrañamente, esta pareja Tierra-Fuego podría funcionar de maravilla si cada uno de los dos consiguiera aprovechar las cualidades del otro, sin pretender cambiarlo. Tienen en común el placer de la sencillez, aunque con finalidades distintas, y pueden llevar una vida cotidiana discretamente armoniosa si moderan sus respectivos excesos. Tauro, tanto hombre como mujer, no puede soportar durante largo tiempo la necesidad de Sagitario de moverse de forma continua, pero si Venus está en Capricornio y la Luna en Sagitario, las cosas irían mucho mejor. Otro inconveniente lo constituye la poca fidelidad de Sagitario, que Tauro no puede aceptar de ninguna manera. Pero a pesar de estos desequilibrios, existen óptimas posibilidades evolutivas para los dos signos. A Tauro debería gustarle el apremiante fuego de su pareja a nivel sexual.

Tauro - Capricornio

Se trata de una relación que funciona a nivel profesional y práctico, pero que resulta un poco problemática sexualmente, sobre todo por la dificultad de Capricornio para exteriorizar sus necesidades. Por el contrario, si el hombre Tauro consigue entusiasmar a la mujer Capricornio, puede nacer una pasión duradera y sólida, porque, contrariamente a lo que se cree, la pasión de Capricornio es un fuego que se esconde bajo las cenizas. Lo opuesto resulta más complicado porque el hombre Capricornio tiene dificultades para dejarse embaucar por la mujer Tauro, a quien teme por posesiva y de la que intenta escapar. Si la mujer Tauro consiguiera controlar, en apariencia, su propia carga sexual, el juego funcionaría. Si no es posible poner en marcha ni lo uno ni lo otro, se pueden crear situaciones de conflicto. En cambio, si la historia toma el cariz necesario, no hay unión más rentable y duradera que esta.

Tauro - Acuario

Esta relación de pareja es bastante dinámica, por no decir alborotada. El espíritu polémico de Acuario hace perder muy a menudo la paciencia a Tauro y, en ocasiones similares, se oyen bastantes gritos. Los motivos, más que de orden sexual o afectivo, donde por otro lado la pareja no brilla, tienen que buscarse en una total diversidad de aproximación a la vida. Cuanto más concreto es Tauro y más habla de cosas reales como la casa, el trabajo y el dinero, más vago es Acuario y más repletos están sus discursos de grandes teorías, del bien, del mal, del futuro, etc. Por lo tanto, falta un punto de encuentro. Esto puede ser posible si los respectivos Venus están en armonía o si la Luna de él se encuentra en el signo de ella. De otro modo, la vida es un enfrentamiento continuo, pero quizá, precisamente por esto, se trata de una relación que puede durar mucho, incluso toda la vida. De todos modos, si se trata de personas inteligentes, poco a poco el uno absorberá del otro las cualidades que les faltan y viceversa.

Tauro - Piscis

Se trata de una relación que puede sostenerse a nivel sexual, pero difícil de conducir en la vida diaria. La imprecisión, la falta de límites y la vaguedad de Piscis pueden ser insoportables para el práctico Tauro, que desea sobre todo la estabilidad y quiere llevar hacia adelante su vida bajo el lema de la claridad. Si la mujer es Tauro, puede que le satisfaga una relación de tipo maternal y, por lo tanto, conseguirá mantener en un puño a su hombre y disfrutar de sus lados más dulces y sensuales. Pero si el hombre es Tauro, la relación puede funcionar casi exclusivamente más allá del matrimonio o de una convivencia. Es impensable de hecho, debido al pragmatismo de Tauro, una compañera que haga de la irrealidad su norma de vida y que se refugie en los sueños para no afrontarla. Aunque durante un tiempo, el entendimiento sexual los mantiene unidos, no será una relación que dure mucho.

Cómo conquistar a Tauro

A una mujer Tauro

En cuanto la conozca, debe ponerla al corriente de su cuenta en el banco y añadir algunos ceros si hace falta. Se volverá inmediatamente interesante a sus ojos. Después de esto ya puede continuar con el repertorio habitual para las conquistas. Es decir, alabe continuamente su buen aspecto y admire cómo se viste; dígale que a usted siempre le han gustado las mujeres que parecen de otra época, aunque lleve una vida muy moderna. Comuníquele que su sueño es casarse pronto para tener una reina en su bonita casa. Pídale que venga con usted para escoger una sólida y austera mesa o un conjunto de plantas para el comedor, o que se ocupe de su desarreglado balcón. Dígale que le gustaría que ella cocinara alguna vez para usted.

A un hombre Tauro

Antes de iniciar esta conquista, es bastante importante que decida si sus sentimientos son realmente amorosos, porque después de haber superado sus perplejidades resultaría bastante difícil retroceder. Aparte de esto, al hombre Tauro le gusta estar con una mujer que, junto a una feliz exuberancia, demuestre una fuerte solidez. Por lo tanto, agradece las caricias afectuosas y las miradas que quieren decir mucho, pero también una conversación que le dé la oportunidad de comprender si tiene sentido práctico o no. Debe saber hablarle con mucha dulzura de realizaciones concretas, de cómo pretende llevar su vida hacia delante y del futuro. Pero si, por un motivo cualquiera, ve que se obstina en algo, evite enfrentarse abiertamente con él. Invítelo a su casa y ofrézcale una comida excelente.

Cómo romper con Tauro

Con una mujer Tauro

Espacie sus prestaciones sexuales... y demuestre intolerancia a sus caricias. Hable de frivolidades y no haga ningún plan para el futuro, y no sólo eso, dígale también que tiene ganas de cambiar de vez en cuando de casa y de trabajo. O peor todavía, que desea dimitir y de vivir un poco de tiempo a la aventura. Gírese para mirar a todas las mujeres que pasen por su lado, guapas o feas, jóvenes o viejas, y haga comentarios un poco subidos de tono. Dígale que no le gusta cómo se viste y que prefiere las jovencitas en minifalda o en vaqueros muy ceñidos. Si tiene casa, dígale que quiere sustituirla por una caravana para vivir un día en un lugar y otro día en otro, ya que sólo supone una carga y una atadura que no tiene intención de llevar. Sea grosero y desmañado en cualquier situación y no se ocupe demasiado de ella. Saldrá corriendo.

Con un hombre Tauro

Es bastante fácil. Muéstrese derrochadora sin medida, y dígale que tiene muchas deudas. Pídale incluso a él algunos préstamos que no debe devolverle cuando acabe el plazo. Dígale que la casa es un lugar adecuado sólo para dormir un poco y que no le gusta ocuparse de ella y todavía menos cocinar. Que la cuenta en el banco sólo sirve para estar en números rojos. Que le gusta vivir un día aquí y otro allí. Que su sentido común le exaspera. Que odia la música y todas las formas de arte. Que para alimentarse es suficiente con una hamburguesa. Que le gusta vivir al borde del precipicio. Que la vida sexual no le interesa. Y finalmente, habrá logrado su objetivo.

La salud

Para estar bien, el nativo de Tauro necesita vivir sin locuras o, por lo menos, sin excesos. Si mantiene una cierta regularidad en la vida, este nativo, que normalmente tiene una muy buena constitución física, consigue llegar a la madurez con salud adecuada o trastornos mínimos. Pero si por el contrario, se excede en las comidas, en la actividad sexual, o incluso en un trabajo que le cause un cierto estrés, algo que por otro lado sucede con bastante frecuencia, puede encontrarse con enfermedades que en poco tiempo se vuelven crónicas. Tauro rige el cuello y la garganta. Y son precisamente estas partes del cuerpo las que pueden sufrir algunas patologías, sobre todo si el Sol no está en relaciones armoniosas con el ascendente. De esto se deriva que las enfermedades que aparecen con más facilidad sean las traqueítis, las faringitis, las amigdalitis y los trastornos de las cuerdas vocales, que pueden ir desde la simple afonía a los pólipos. Otros trastornos característicos son la artrosis cervical o el mal funcionamiento de la tiroides, las paperas y la difteria. También el oído puede verse afectado por una otitis, una paraotitis o incluso una laberintitis, esa molesta enfermedad que hace perder el equilibrio. Además, por efecto de la acción refleja de su opuesto Escorpio, pueden aparecer bastante a menudo trastornos genitales, de las vías urinarias y del ano. Al ser la constitución física de Tauro generalmente maciza o, por lo menos, sólida (tanto es así que cuando camina da la impresión de una cierta pesadez), el nativo siente la necesidad de opíparos banquetes y, por ello, puede tener también problemas de metabolismo. Esto se puede solucionar con una dieta apropiada y con una actividad física bien equilibrada, que puede consistir en jugar al golf, muy saludable, o en paseos diarios de más de media hora. Una verdadera panacea estaría constituida por la vida al aire libre. También es muy importante examinar la posición de Venus, que gobierna el signo. Si esta es buena respecto a los demás planetas, podemos estar seguros de que la salud será casi siempre óptima, aunque este nativo tienda excesivamente hacia la glotonería. En cambio, si los aspectos que recibe son difíciles, es posible que se acentúen todas las patologías, con riesgos de desequilibrios de varios tipos, que pueden producir valores elevados de colesterol y de ácido úrico e incluso llevar a la diabetes. Sin embargo, estos casos son límites, porque en líneas generales la salud de Tauro no suele dar excesivos problemas. Es oportuno recordar la necesidad de sulfato de sodio para regular la retención de agua en el organismo. También es bastante importante que la alimentación se mantenga bajo control, tanto en la cantidad como en la calidad. Los alimentos tienen que ser lo más frescos y magros posibles; se aconsejan todas las carnes magras y el pescado y, como verduras, las espinacas, las cebollas, la calabaza, los pepinos y la col, que contienen el citado sulfato de sodio. Son óptimos todos los agrios y se aconseja, para la garganta, la infusión de salvia y los própoleos. Para combatir eventuales descompensaciones de la tiroides, tanto en exceso como en defecto, es oportuno adoptar, bajo control médico, el consumo de alimentos que contengan yodo, como el pescado, las yemas de huevo, la piña y las algas. De todos modos, deben evitarse todos aquellos alimentos que gustan mucho al nativo de este signo, es decir los guisos, las salsas picantes, los dulces y, evidentemente, las grandes comilonas.

Ficha del signo

Elemento: Tierra

Calidad del signo: fijo, femenino

Planeta dominante: Venus

Longitud en el Zodiaco: de 30 a 60°

Casa zodiacal: segunda

Periodo estacional: plena primavera

Estrellas fijas: Alcione, Algol, Almach, Homal, Menkar, Sheratan

Color: verde

Día de la semana: viernes

Piedra: zafiro, turquesa, esmeralda

Metal: cobre

Perfume: vainilla, rosa

Cartas del tarot: el Enamorado, las Estrellas, el Papa

Lema: Yo poseo

Países, regiones y ciudades: Grecia, Bélgica, Turín, Parma

Analogías: la agricultura, la tierra irrigada, el buey, la vaca, el toro, la paciencia, las flores carnosas, la garganta, el cuello, la pereza, la obstinación, la constancia, la acumulación

Personajes famosos que pertenecen a este signo

Entre las mujeres Tauro podemos citar algunas bastante importantes, como la reina Isabel II de Inglaterra, nacida el 21 de mayo de 1926. A pesar de su prestigiosa posición y su importante cargo, se comporta como una persona muy normal. A la monarca británica le gusta el campo y en cuanto puede se refugia en algunos de sus castillos con sus perros y sus nietos. Barbra Streisand, con su extraordinaria voz, también es Tauro (24 de abril de 1942).

Entre los hombres hay que dar la palma del nativo de Tauro más auténtico a Karl Marx, nacido el 5 de mayo de 1818. Resulta extraordinario que sea precisamente un nativo de Tauro el padre del tan amado, odiado y discutido materialismo histórico. También pertenece a este signo Jack Nicholson, nacido el 22 de abril de 1937. ¿Quién no sucumbe a su encanto, que se podría definir como algo entre lo familiar y lo demoniaco? Este poder de seducción puede asumir las características del toro blanco de Europa o del negro furioso de Mitra. Juan Pablo II, cuya ponderación y unión con los valores tradicionales reconocía la mayoría de la gente, es otro nativo del signo. No podemos olvidar tampoco a Sigmund Freud, nacido el 6 de mayo de 1856, que hizo de los problemas del sexo el eje de su concepción psicoanalítica.

Otros nativos de Tauro son: William Shakespeare (23 de abril de 1564), Piotr Tchaikovski (7 de mayo de 1840),

Rodolfo Valentino (6 de mayo de 1895), Fred Astaire (10 de mayo de 1899), Katherine Hepburn (12 de mayo de 1905), Orson Welles (6 de mayo de 1915), Audrey Hepburn (4 de mayo de 1929), Clint Eastwood (21 de mayo de 1930), James Brown (3 de mayo de 1933), Al Pacino (25 de abril de 1940), George Lucas (14 de mayo de 1944), Stevie Wonder (13 de mayo de 1950), Daniel Day-Lewis y Michelle Pfeiffer (nacidos ambos el 29 de abril de 1957) y George Clooney (6 de mayo de 1961)

Segunda parte

EL ASCENDENTE

Cómo calcular el ascendente

El ascendente tiene una importancia fundamental entre los factores astrales que caracterizan un horóscopo. El signo en el que se encuentra el ascendente es el que en el momento del nacimiento se levantaba en el horizonte, y cambia según la hora y el lugar en que se produjo.

El ascendente puede definirse como el punto de partida de las posibilidades de desarrollo individual; describe a la persona en sus características más evidentes: el comportamiento, las reacciones instintivas, las tendencias más naturales y manifiestas, e influye también en el aspecto físico. Muy a menudo, el individuo se reconoce más en las características típicas del ascendente que en las del signo solar al que pertenece: esto sucede porque el ascendente es la imagen consciente que tenemos de nosotros mismos y que manifestamos a los demás.

El ascendente, además, al caracterizar la constitución física, proporciona informaciones muy interesantes en el plano de la salud, pues indica los órganos y las partes del cuerpo más sujetas a trastornos y al tipo de estímulos a los que el individuo reacciona más rápidamente.

La presencia de los planetas en conjunción con el ascendente intensifica la personalidad y resalta algunas de las características, que de esta forma adquieren una evidencia particular: por ejemplo, encanto y amabilidad en el caso de Venus, y agresividad y competitividad en Marte.

Cálculo del ascendente

Los datos necesarios para calcular el ascendente son los siguientes: fecha, lugar y hora exacta del nacimiento (en el caso de que no se conozca la hora, se puede pedir en el registro la partida de nacimiento). Se acepta una aproximación de unos 15-20 minutos.

El procedimiento es sencillo, y sólo con algunos cálculos se podrá obtener la posición del ascendente con cierta precisión.

Pongamos un ejemplo con un nacimiento que tuvo lugar en Burgos, el 15 de junio de 1970 a las 17 h 30 min (hora oficial).

1. La primera operación que se debe hacer siempre será consultar la tabla de la pág. 65 para ver si en ese momento había alguna alteración horaria con respecto a la hora de Greenwich (que es la referencia horaria mundial y el meridiano patrón para España). En el caso de este ejemplo, había una diferencia de una hora y por ello es necesario restar una hora de la hora de nacimiento. Por lo tanto, tendremos: 17 h 30 min – 1 h (huso horario) = 16 h 30 min.

En cambio, en el caso de no haber horario de verano, no se deberá restar nada; pero si hay dos horas de diferencia con la hora oficial, entonces habrá que restarlas.

2. El resultado que se obtiene se suma a la hora sideral, que se puede localizar en la tabla de la pág. 72.

La hora sideral para la fecha que hemos tomado como ejemplo es 17 h 31 min; por lo tanto: 16 h 30 min + 17 h 31 min = 33 h 61 min. Pero este resultado precisa una corrección: de hecho, es necesario recordar que estamos realizando operaciones sexagesimales (es decir, estamos sumando horas, minutos y segundos).

Los minutos no pueden superar los 60, que es el número de minutos que hay en una hora. Por ello, el resultado se tiene que modificar transportando estos 60 minutos a la izquierda, transformándolos en 1 hora y dejando invariable el número de minutos restantes. Corregido de esta forma, el resultado original de 33 h 61 min se ha convertido en 34 h 1 min.

3. A continuación, para llegar hasta la determinación exacta del tiempo sideral de nacimiento, es necesario sumar al resultado obtenido la longitud traducida en tiempo relativa al lugar de nacimiento. La tabla de la pág. 69 proporciona la longitud en tiempo de las principales ciudades españolas: En el caso de Burgos, que es la ciudad del ejemplo, tenemos que restar 14 min 49 s. Podemos quitar los segundos para facilitar el procedimiento, ya que no altera prácticamente el resultado.

Para poder restar los minutos, debemos transformar una hora en minutos. Quedará así: 34 h 01 min = 33 h 61 min; 33 h 61 min − 14 min = 33 h 47 min.

Puesto que el resultado supera las 24 horas que tiene un día, es necesario restar 24.

Finalmente quedará así: 33 h 47 min − 24 h = 9 h 47 min, que indica el tiempo sideral de nacimiento.

4. Después de obtener, finalmente, este dato, sólo tendremos que consultar la tabla de la pág. 64 para descubrir en qué signo se encuentra el ascendente: en el caso que hemos tomado como ejemplo, el ascendente se encuentra en el signo de Escorpio.

Para resumir el procedimiento que hay que seguir, lo presentamos en este esquema, que puede ser útil para realizar el cálculo del propio ascendente.

```
........  −  HORA DE NACIMIENTO  −
1.00      =  1 HORA DE HUSO  = (en caso necesario hay que restar 2 horas)
........  +  HORA DE GREENWICH  +
........  =  HORA SIDERAL (tabla de la pág. 72)  =

........  +  RESULTADO  +
........  =  LONGITUD EN TIEMPO
             (tabla de la pág. 69)  =

........     TIEMPO SIDERAL DE NACIMIENTO

TIEMPO SIDERAL DE NACIMIENTO  = ...............................
ASCENDENTE (tabla en esta página)  = ...............................
```

N.B. Al hacer los cálculos, hay que recordar siempre que se debe verificar que los minutos no superen los 60 y las horas las 24, y realizar las oportunas correcciones, como muestra el ejemplo. También se pueden efectuar estas al final del cálculo todas juntas.

BUSQUE AQUÍ SU ASCENDENTE

de 0.35' a 3.17'	ascendente en Leo
de 3.18' a 6.00'	ascendente en Virgo
de 6.01' a 8.43'	ascendente en Libra
de 8.44' a 11.25'	ascendente en Escorpio
de 11.26' a 13.53'	ascendente en Sagitario
de 13.54' a 15.43'	ascendente en Capricornio
de 15.44' a 17.00'	ascendente en Acuario
de 17.01' a 18.00'	ascendente en Piscis
de 18.01' a 18.59'	ascendente en Aries
de 19.00' a 20.17'	ascendente en Tauro
de 20.18' a 22.08'	ascendente en Géminis
de 22.09' a 0.34'	ascendente en Cáncer

CAMBIOS HORARIOS EN ESPAÑA

Se resta 1 h a los nacidos en:

• 1918, entre el 15 de abril a las 23.00 h y el 6 de octubre a las 00.00 h.

• 1919, entre el 6 de abril a las 23.00 h y el 6 de octubre a las 00.00 h.

No se suma ni se resta nada a los nacidos entre 1920 y 1923.

Se resta 1 h a los nacidos en:

• 1924, entre el 16 de abril a las 23.00 h y el 4 de octubre a las 00.00 h.

No se suma ni se resta nada a los nacidos en el año 1925.

Se resta 1 h a los nacidos en:

• 1926, entre el 17 de abril a las 23.00 h y el 2 de octubre a las 00.00 h.

• 1927, entre el 9 de abril a las 23.00 h y el 1 de octubre a las 00.00 h.

• 1928, entre el 14 de abril a las 23.00 h y el 6 de octubre a las 00.00 h.

• 1929, entre el 20 de abril a las 23.00 h y el 6 de octubre a las 00.00 h.

No se suma ni se resta nada a los nacidos entre 1930 y 1936.

Se resta 1 h a los nacidos en:

• 1937, zona republicana, entre el 16 de junio a las 23.00 h y el 6 de octubre a las 00.00 h; zona nacional, entre el 22 de mayo a las 23.00 h y el 2 de octubre a las 00.00 h.

• 1938, zona republicana, entre el 2 de abril a las 23.00 h y el 30 de abril a las 23.00 h.

Se restan 2 h a los nacidos en:

• 1938, zona republicana, entre el 30 de abril a las 23.00 h y el 2 de octubre a las 00.00 h.

Se resta 1 h a los nacidos en:

• 1938, zona republicana, entre el 2 de octubre a las 00.00 h y el 31 de diciembre a las 00.00 h.

Se resta 1 h a los nacidos en:

• 1938, zona republicana, entre el 26 de marzo y el 1 de octubre a las 00.00 h.

• 1939, zona republicana, entre el 1 de enero y el 1 de abril; zona nacional, entre el 15 de abril a las 23.00 h y el 7 de octubre a las 00.00 h.

• 1940, entre el 16 de marzo a las 23.00 h y el 31 de diciembre a las 00.00 h.

Se resta 1 h a los nacidos en 1941.

Se resta 1 h a los nacidos en:

• 1942, entre el 1 de enero y el 2 de mayo a las 23.00 h.

Se restan 2 h a los nacidos en:

• 1942, entre el 2 de mayo a las 23.00 h y el 1 de septiembre a las 00.00 h.

• 1943, entre el 17 de abril a las 23.00 h y el 2 de octubre a las 00.00 h.

• 1944, entre el 17 de abril a las 23.00 h y el 1 de octubre a la 1.00 h.

• 1945, entre el 14 de abril a las 23.00 h y el 30 de septiembre a la 1.00 h.

• 1946, entre el 13 de abril a las 23.00 h y el 28 de septiembre a las 00.00 h.

• 1949, entre el 30 de abril a las 23.00 h y el 2 de octubre a la 1.00 h.

Se resta 1 h a los nacidos en fechas que no se han citado anteriormente entre los años 1942 y 1949.

Se resta 1 h a los nacidos entre 1950 y 1973.

Se restan 2 h a los nacidos en:

- 1974, entre el 13 de abril a las 23.00 h y el 6 de octubre a la 1.00 h.

- 1975, entre el 12 de abril a las 23.00 h y el 4 de octubre a las 00.00 h.

- 1976, entre el 27 de marzo a las 23.00 h y el 25 de septiembre a las 00.00 h.

- 1977, entre el 2 de abril a las 23.00 h y el 24 de septiembre a las 00.00 h.

- 1978, entre el 2 de abril a las 2.00 h y el 30 de septiembre a las 3.00 h.

- 1979, entre el 1 de abril a las 2.00 h y el 30 de septiembre a las 3.00 h.

- 1980, entre el 6 de abril a las 2.00 h y el 26 de septiembre a las 2.00 h.

- 1981, entre el 29 de marzo a las 2.00 h y el 27 de septiembre a las 3.00 h.

- 1982, entre el 29 de marzo a las 2.00 h y el 27 de septiembre a las 2.00 h.

- 1983, entre el 27 de marzo a las 2.00 h y el 25 de septiembre a las 2.00 h.

- 1984, entre el 24 de marzo a las 2.00 h y el 30 de septiembre a las 3.00 h.

- 1985, entre el 31 de marzo a las 2.00 h y el 29 de septiembre a las 3.00 h.

- 1986, entre el 29 de marzo a las 2.00 h y el 27 de septiembre a las 3.00 h.

- 1987, entre el 29 de marzo a las 2.00 h y el 27 de septiembre a las 3.00 h.

- 1988, entre el 27 de marzo a las 2.00 h y el 25 de septiembre a las 3.00 h.

- 1989, entre el 26 de marzo a las 2.00 h y el 24 de septiembre a las 3.00 h.

- 1990, entre el 25 de marzo a las 2.00 h y el 29 de septiembre a las 3.00 h.

- 1991, entre el 24 de marzo a las 2.00 h y el 29 de septiembre a las 3.00 h.
- 1992, entre el 29 de marzo a las 2.00 h y el 27 de septiembre a las 3.00 h.
- 1993, entre el 28 de marzo a las 2.00 h y el 26 de septiembre a las 3.00 h.
- 1994, entre el 27 de marzo a las 2.00 h y el 25 de septiembre a las 3.00 h.
- 1995, entre el 26 de marzo a las 2.00 h y el 24 de septiembre a las 3.00 h.
- 1996, entre el 24 de marzo a las 2.00 h y el 27 de octubre a las 3.00 h.
- 1997, entre el 30 de marzo a las 2.00 h y el 26 de octubre a las 3.00 h.
- 1998, entre el 29 de marzo a las 2.00 h y el 25 de octubre a las 3.00 h.
- 1999, entre el 27 de marzo a las 2.00 h y el 30 de octubre a las 3.00 h.
- 2000, entre el 26 de marzo a las 2.00 h y el 29 de octubre a las 3.00 h.
- 2001, entre el 25 de marzo a las 2.00 h y el 28 de octubre a las 3.00 h.
- 2002, entre el 31 de marzo a las 2.00 h y el 27 de octubre a las 3.00 h.
- 2003, entre el 30 de marzo a las 2.00 h y el 26 de octubre a las 3.00 h.
- 2004, entre el 28 de marzo a las 2.00 h y el 31 de octubre a las 3.00 h.
- 2005, entre el 27 de marzo a las 2.00 h y el 30 de octubre a las 3.00 h.
- 2006, entre el 26 de marzo a las 2.00 h y el 29 de octubre a las 3.00 h.
- 2007, entre el 25 de marzo a las 2.00 h y el 28 de octubre a las 3.00 h.
- 2008, entre el 30 de marzo a las 2.00 h y el 26 de octubre a las 3.00 h.
- 2009, entre el 29 de marzo a las 2.00 h y el 25 de octubre a las 3.00 h.
- 2010, entre el 28 de marzo a las 2.00 h y el 31 de octubre a las 3.00 h.
- 2011, entre el 27 de marzo a las 2.00 h y el 30 de octubre a las 3.00 h.

Se resta 1 h a los nacidos entre 1974 y 1990 en las fechas que no figuran entre las anteriores.

TABLA DE COORDENADAS
DE LAS PRINCIPALES CIUDADES DE ESPAÑA

Ciudad	Latitud	Longitud
A CORUÑA	43° 23'	– 33' 34"
ALBACETE	39° 00'	– 7' 25"
ALCUDIA	39° 52'	+ 11' 36"
ALGECIRAS	36° 09'	– 21' 52"
ALICANTE	38° 20'	– 1' 56"
ALMERÍA	36° 50'	– 9' 52"
ÁVILA	40° 39'	– 18' 47"
BADAJOZ	38° 53'	– 27' 53"
BARCELONA	41° 23'	+ 8' 44"
BILBAO	43° 15'	– 11' 42"
BURGOS	42° 20'	– 14' 49"
CÁCERES	39° 28'	– 25' 29"
CADAQUÉS	42° 17'	+ 13' 08"
CÁDIZ	36° 32'	– 25' 11"
CALATAYUD	41° 20'	– 6' 40"
CARTAGENA	37° 38'	– 3' 55"
CASTELLÓN	39° 50'	– 0' 09"
CIUDAD REAL	38° 59'	– 15' 43"
CIUDAD ROGRIGO	40° 36'	– 26' 08"
CÓRDOBA	37° 53'	– 19' 07"
CUENCA	40° 04'	– 8' 32"
ÉIBAR	43° 11'	– 11' 52"
ELCHE	38° 15'	– 2' 48"
FRAGA	41° 32'	– 1' 24"
FUERTEVENTURA	28° 30'	– 56' 00"

Ciudad	Latitud	Longitud
GERONA	41° 59'	+ 11' 18"
GIJÓN	43° 32'	– 22' 48"
GOMERA	28° 10'	– 1 h 08' 20"
GRANADA	37° 11'	– 14' 24"
GUADALAJARA	40° 38'	– 12' 39"
HIERRO	27° 57'	– 1 h' 44"
HUELVA	37° 16'	– 27' 47"
HUESCA	42° 08'	– 1' 38"
IBIZA	38° 54'	+ 5' 44"
JAÉN	37° 46'	– 15' 09"
LA PALMA	25° 40'	– 1 h 11' 20"
LANZAROTE	29° 00'	– 54' 40"
LAS PALMAS G. C.	28° 06'	– 1 h 01' 40"
LEÓN	42° 36'	– 22' 16"
LÉRIDA	41° 37'	+ 2' 30"
LINARES	38° 06'	– 14' 32"
LOGROÑO	42° 28'	– 9' 47"
LORCA	37° 41'	– 6' 48"
LUGO	43° 01'	– 30' 14"
MADRID	40° 24'	– 14' 44"
MAHÓN	39° 50'	+ 17' 12"
MÁLAGA	36° 43'	– 17' 41"
MANACOR	39° 34'	+ 12' 53"
MANRESA	41° 44'	+ 7' 20"
MARBELLA	36° 30'	– 19' 36"
MIERES	43° 15'	– 23' 04"
MURCIA	37° 59'	– 4' 31"

Ciudad	Latitud	Longitud
ORENSE	42° 20'	– 31' 27"
OVIEDO	43° 22'	– 23' 22"
PALENCIA	42° 00'	– 18' 08"
P. MALLORCA	39° 34'	+ 10' 36"
PAMPLONA	42° 49'	– 6' 36"
PLASENCIA	40° 03'	– 24' 32"
PONFERRADA	42° 33'	– 26' 20"
PONTEVEDRA	42° 26'	– 34' 36"
SALAMANCA	40° 57'	– 22' 40"
SAN SEBASTIÁN	43° 19'	– 7' 56"
STA. CRUZ DE TENERIFE	28° 28'	– 1 h 5' 57"
SANTIAGO DE COMP.	42° 52'	– 34' 12"
SANTANDER	43° 28'	– 15' 13"
SEGOVIA	40° 57'	– 16' 30"
SEVILLA	37° 23'	– 23' 58"
SORIA	41° 46'	– 9' 52"
TARRAGONA	41° 07'	+ 5' 02"
TERUEL	40° 20'	– 4' 26"
TOLEDO	39° 51'	– 16' 05"
TORTOSA	40° 49'	+ 2' 04"
TUDELA	42° 04'	– 6' 24"
VALENCIA	39° 28'	– 1' 30"
VALLADOLID	41° 39'	– 18' 53"
VIELLA	42° 42'	+ 3' 16"
VIGO	42° 18'	– 34' 44"
VITORIA	42° 51'	– 10' 42"
ZAMORA	41° 30'	– 23' 01"
ZARAGOZA	41° 34'	– 3' 31"

Tabla para la búsqueda de la hora sideral

Día	En.	Feb.	Mar.	Abr.	May.	Jun.	Jul.	Ag.	Sept.	Oct.	Nov.	Dic.
1	6.36	8.38	10.33	12.36	14.33	16.36	18.34	20.37	22.39	0.37	2.39	4.38
2	6.40	8.42	10.37	12.40	14.37	16.40	18.38	20.41	22.43	0.41	2.43	4.42
3	6.44	8.46	10.40	12.44	14.41	16.43	18.42	20.45	22.47	0.45	2.47	4.46
4	6.48	8.50	10.44	12.48	14.45	16.47	18.46	20.49	22.51	049	2.51	4.50
5	6.52	8.54	10.48	12.52	14.49	16.51	18.50	20.53	22.55	0.53	2.55	4.54
6	6.56	8.58	10.52	12.55	14.53	16.55	18.54	20.57	22.59	0.57	2.59	4.57
7	7.00	9.02	10.56	12.58	14.57	16.59	18.58	21.00	23.03	1.01	3.03	5.01
8	7.04	9.06	11.00	13.02	15.01	17.03	19.02	21.04	23.07	1.05	3.07	5.05
9	7.08	9.10	11.04	13.06	15.05	17.07	19.06	21.08	23.11	1.09	3.11	5.09
10	7.12	9.14	11.08	13.10	15.09	17.11	19.10	21.12	23.14	1.13	3.15	5.13
11	7.15	9.18	11.12	13.15	15.13	17.15	19.14	21.16	23.18	1.17	3.19	5.17
12	7.19	9.22	11.16	13.18	15.17	17.19	19.18	21.20	23.22	1.21	3.23	5.21
13	7.23	9.26	11.20	13.22	15.21	17.23	19.22	21.24	23.26	1.25	3.27	5.25
14	7.27	9.30	11.24	13.26	15.24	17.27	19.26	21.28	23.30	1.29	3.31	5.29
15	7.31	9.33	11.28	13.30	15.28	17.31	19.30	21.32	23.34	1.32	3.35	5.33

16	7.35	9.37	11.32	13.34	15.32	17.34	19.34	21.36	23.38	1.36	3.39	5.37
17	7.39	9.41	11.36	13.38	15.36	17.38	19.38	21.40	23.42	1.40	3.43	5.41
18	7.43	9.45	11.40	13.42	15.40	17.42	19.42	21.44	23.46	1.44	3.47	5.45
19	7.47	9.49	11.44	13.46	15.44	17.46	19.46	21.48	23.50	1.48	3.50	5.49
20	7.51	9.53	11.48	13.50	15.48	17.50	19.49	21.52	23.54	1.52	3.54	5.53
21	7.55	9.57	11.52	13.54	15.52	17.54	19.53	21.56	23.58	1.56	3.58	5.57
22	7.59	10.01	11.55	13.58	15.56	17.58	19.57	22.00	0.02	2.00	4.02	6.01
23	8.03	10.05	11.58	14.02	16.00	18.02	20.02	22.04	0.06	2.04	4.06	6.05
24	8.07	10.09	12.02	14.06	16.04	18.06	20.06	22.08	0.10	2.06	4.10	6.09
25	8.11	10.13	12.06	14.10	16.08	18.10	20.10	22.12	0.14	2.12	4.14	6.13
26	8.15	10.17	12.10	14.14	16.12	18.14	20.14	22.16	0.18	2.16	4.18	6.17
27	8.19	10.21	12.14	14.18	16.16	18.18	20.18	22.20	0.23	2.20	4.22	6.21
28	8.23	10.25	12.18	14.22	16.20	18.22	20.22	22.24	0.26	2.24	4.26	6.24
29	8.26	10.29	12.22	14.26	16.24	18.26	20.26	22.27	0.30	2.28	4.30	6.28
30	8.30		12.26	14.29	16.28	18.30	20.30	22.31	0.34	2.32	4.34	6.32
31	8.34		12.30		16.32		20.33	22.35		2.36		6.36

Si es Tauro con ascendente...

Tauro con ascendente Aries

Impulsividad y racionalidad, perfectamente dosificadas, pueden llevar muy lejos si no se excede en las características básicas. El individuo pierde buena parte de su sabiduría reflexiva en favor de un comportamiento más emprendedor y sin la pesadez típica de Tauro. Aumenta el coraje con un cierto sentido de la fatalidad, pero también con optimismo; este nativo no tiene bastante sólo con el huevo, sino que quiere la gallina de inmediato. La vitalidad de Aries, que en su estado puro puede representar algo a la deriva, se convierte en cambio en un estímulo eficaz en el momento de la acción, puesto que ayuda a Tauro a tomar decisiones inmediatas y casi siempre óptimas. Incluso el entusiasmo se acentúa y les hace perder esa firmeza que, de otro modo, desembocaría en la testarudez. Su actitud hacia el amor es más dinámica y menos posesiva. Pueden producirse con mayor facilidad inflamaciones en la garganta, las orejas y los ojos.

Tauro con ascendente Tauro

Todas las características positivas y negativas del signo asumen un aspecto excesivo, que debe mantenerse cuidadosamente bajo control si no se quiere convertir en una persona de la que todos intentarán huir. La tenacidad puede llegar a convertirse en testarudez, el sentido común en obtuso conformismo, el afán de posesión puede asumir matices de sadismo y los celos transformarse en voluntad de dominación. Al margen de estos excesos, en personas de un nivel espiritual elevado, esta combinación puede llevar la paciencia a niveles de santificación, y no es raro encontrar entre estos nativos a esas personas que se dedican completamente al prójimo, preparados para comprender todas sus necesidades y para correr en su ayuda. Si el nacimiento se ha producido al alba, el Sol está unido al ascendente, algo que, salvo aspectos contrarios, asegura la satisfacción total de las propias necesidades de autoafirmación. Para una buena salud se tienen que evitar a toda costa las grasas y los alimentos picantes.

Tauro con ascendente Géminis

Se trata de una combinación muy buena que aporta ventajas tanto al mundo de los sentidos como al intelecto. El primero tendrá la posibilidad de adquirir una mayor percepción y el segundo, un sentido de la realidad más destacado. Y no sólo esto, un individuo de este tipo sabrá abrirse camino en el mundo con mucha más facilidad, sin perder de vista sus objetivos y necesidades. Incluso los aspectos espirituales se ven estimulados, sobre todo si el Sol está situado en la casa 12 y no tiene aspectos negativos; esto, junto a una destacada inteligencia, puede ser portador de nuevos valores. Si, en cambio, se estimula el aspecto materialista y especulativo, se pueden obtener comerciantes sensatos pero intrépidos, que no se dejan confundir o engañar por nada ni por nadie. Incluso el carácter será más maleable y toda la personalidad asumirá un encanto particular. Se tienen que evitar las corrientes de aire y los resfriados consiguientes, que podrían hacerse crónicos.

Tauro con ascendente Cáncer

Se trata de una combinación bastante armoniosa, que da a Tauro un cierto aire de suavidad; mientras, la perseverancia se transforma en resistencia pasiva ante las adversidades o las contrariedades en general. En la parte negativa, puede llevar a un comportamiento basado en los propios y pequeños intereses, los cuales asumen un papel prioritario respecto a todo el resto. Generalmente se ve potenciada la necesidad de una casa propia, de una familia unida y, sobre todo, de no alejarse de las tradiciones y de los comportamientos codificados de la vida social. El amor por los hijos asume a veces aspectos obsesivamente protectores, que, si la vida lo permite, se prolongan indefinidamente en el tiempo. En consecuencia, puede ser el individuo adecuado para crear una familia patriarcal sobre la cual reinar como un soberano. La mujer, en particular, se convierte en la reina de la casa y, si escoge una profesión, dará preferencia a la arquitectura de interiores o al comercio de antigüedades.

Tauro con ascendente Leo

En esta combinación encontramos un individuo menos rígido que el nativo puro de Tauro, pero igualmente capaz de realizar pasos largos y bien dosificados en su camino hacia el éxito. Dependerá sólo de su nivel personal el planteamiento de metas elevadas, la deshumanización en la búsqueda de la posesión o la dedicación filantrópica a los demás. La necesidad de poseer, de todos modos, se hace más evidente y nada ni nadie podrá impedir el desarrollo de este sentimiento. El deseo de afirmación social se siente al máximo y empuja a cualquier tipo de comportamiento. Respecto a los afectos, se nota casi siempre una serie de propuestas fijas, unida a una excesiva exteriorización que, si no encuentra a la pareja ideal, puede llevar a este individuo a sufrir grandes decepciones. En cambio, si se produce el encuentro, Tauro podrá obtener un gran bienestar. Este nativo precisará de mucha paciencia y muchos cuidados para resolver algunos problemas de la salud que pueden presentarse.

Tauro con ascendente Virgo

También en este caso nos encontramos frente a un individuo muy emprendedor pero con una visión más modesta de su futuro. Generalmente, los Tauro son grandes trabajadores, tanto si se trata de hombres como de mujeres; también son bastante críticos con todo aquello que se experimenta por primera vez y que sobrepasa su visión personal de la vida. En consecuencia, cada paso que hagan será bajo el lema de sentido común y de la ponderación y nunca será más largo que su pierna. Todo esto puede dar una imagen de aburrimiento e impedir incluso una verdadera realización espiritual si no se lleva a cabo un esfuerzo para alejarse de las cuestiones prácticas. Aunque la tierra le sea beneficiosa también necesita un pedazo de cielo. Se trata casi siempre de personas en las que se puede confiar plenamente, incluso en el ámbito de los afectos. Quien se casa con estos nativos no necesitará prevenirse contra las sorpresas, sino que tendrá que aceptar su destacado y a veces pedante sentido de la realidad. Buena salud en general.

Tauro con ascendente Libra

Respecto al nativo de Tauro puro, en esta combinación tiene un mayor peso la relación con los demás y, por lo tanto, las acciones compartidas pueden ser la fuente de alguna pequeña crisis interior. Si Venus está mal situado en el horóscopo de nacimiento, tendrán una cierta dificultad para encontrar el camino propio y perseguir las cosas que les gustan. Entre sus cualidades destacan el sentido estético y el destacado amor por el arte, pero el éxito podrá hacerse esperar. En líneas generales, este individuo actuará con mucha desenvoltura y eliminará algunas pequeñas groserías típicas de Tauro con consecuencias positivas en todos los sectores. El matrimonio se ve normalmente favorecido y el transcurrir amoroso, sin perder su carácter pasional, se verá suavizado por modales refinados y amables. Un mayor equilibrio dietético ayudará a la salud, pero en algunos periodos del año podrán presentarse trastornos de retención de líquidos, dolores de garganta y problemas renales.

Tauro con ascendente Escorpio

Dos fuentes de pasión distintas pueden dar vida a una unión vagamente peligrosa o, por lo menos, compleja. El carácter instintivo de Tauro encuentra en el ascendente Escorpio una salida más impetuosa pero también más dramática, que puede crear una personalidad en continuo contraste consigo misma, que puede pasar de la visceralidad a la reflexión continua en torno a problemas que no consigue resolver. Casi siempre se trata de un individuo indomable, en algunos casos incluso dominador y agresivo, que no aceptará los desafíos pero que, precisamente por ello, estará constantemente en lucha con la vida. No tendrá miedo de nada y no aceptará nunca ningún compromiso, salvo que esto le permita obtener en un breve tiempo lo que pretende.

Su personalidad es muy fuerte, tanto en el bien como en el mal. Sin duda, tiene que realizarse una lectura de este ascendente a la luz de todo el tema natal. Deben evitarse los excesos de cualquier tipo para mantener un buen estado de salud.

Tauro con ascendente Sagitario

Nos encontramos frente a un individuo que, aunque mantiene las características básicas de Tauro, sabrá elevarse por encima de la materia y por lo tanto podrá alcanzar un excelente nivel espiritual, además de una realización vital superior a la media. El método, la paciencia y la capacidad práctica podrán aplicarse incluso a objetivos idealizados, lo que lleva a considerarlos como personas raras tanto por su bondad como por su destacada actitud filantrópica, que hará que se ocupen de los demás sin perder el sentido de la realidad. La capacidad de mando y la posibilidad de convertirse en líderes en cualquier sector al que deseen dedicarse les asegurará una carrera de prestigio. En especial, se verán favorecidos por las empresas de gran tamaño o las organizaciones mundiales, en las que podrán asumir en poco tiempo posiciones de alto rango.

El entusiasmo y el placer por las cosas genuinas le aportarán la alegría de vivir.

Tauro con ascendente Capricornio

Tierra fértil y tierra consolidada se conjuntan en una unión de rara fuerza pero también de excesiva dureza. Su fuerza de voluntad es extraordinaria y se aplica en todos los sectores en los que este individuo quiera sobresalir, donde podrá llevar a cabo todo lo que se proponga. No hay peligro de que algo quede sin solucionar si forma parte de su programa, lo cual puede hacerlo un poco incómodo para los que le rodean, sobre todo en el trabajo, pero seguramente le servirá para alcanzar lo que se ha propuesto.

En el amor puede verse sometido a relaciones frías y determinadas, en las que se deja poco espacio al romanticismo y al sentimentalismo; difícilmente dará rienda suelta a sus sentimientos si estos no están perfectamente coordinados con sus objetivos. Un discreto egoísmo dominará tanto a los hombres como las mujeres, pero hará de ellos personas de confianza y responsables.

Tauro con ascendente Acuario

Muchos conflictos internos harán de este individuo un ser bastante complicado, en el que la fuerza hacia el futuro y hacia cualquier tipo de experimentación chocará continuamente con el sentido común y la seguridad de las cosas ya consolidadas. Por lo tanto, es difícil comprender las motivaciones de su forma de actuar. Tanto puede parecer la persona más moderna del mundo en algunas ocasiones como en otras la más retrógrada. De todos modos, puede ser que la necesidad de expansión de Acuario lleve a la naturaleza de Tauro a una mayor ligereza, aunque esta sea casi siempre sólo aparente, como puede serlo su disponibilidad hacia el resto del mundo. Sustancialmente, en cambio, está seguro en sus convicciones y no se deja distraer por nadie. Puede ser la persona adecuada para todas las profesiones del futuro, como la ingeniería espacial o la nuclear, en las que la paciencia se une con la curiosidad.

Tauro con ascendente Piscis

Se trata de una interesante unión de Tierra y Agua que puede hacer inimitable a este individuo. Nos encontraremos frente a un nativo de Tauro totalmente anómalo, salvo que en este signo, además del Sol, se encuentren también otros planetas. La realidad muchas veces asumirá contornos matizados y hará que se entregue a los sueños, a los que otorgará además connotaciones muy prácticas. Las dudas de Piscis harán temblar la unión con la tierra, que sufrirá de forma continua pequeños terremotos; la constancia y la paciencia se transformarán a menudo en una dulce pereza. Pero es difícil que esto pueda llegar a afectar los planes profesionales y de posesión de Tauro, porque allí donde pueda dudar el terrenal sentido común, llegará en su ayuda la intuición. También el amor tendrá momentos de exaltación porque la fuerte carga erótica de Tauro se unirá con la envolvente sensualidad de Piscis. Existe el peligro de deseos pasados de moda que pueden causar trastornos de varios tipos. Hay que evitar sobre todo el humo y el alcohol.

Tercera parte

PREVISIONES PARA 2019

Previsiones para Tauro en 2019

Vida amorosa

Enero

Durante la primera parte del mes, los astros armonizarán con su parte clásica a la hora de conducir sus relaciones. Frecuentará numerosas fiestas, tanto como un invitado directo como a través de otras personas, pero en todas se lo pasará muy bien. Debido a esta actividad, alguno de estos lugares le agradará especialmente y se le ocurrirá volver. En la segunda parte del mes, tanto si lo desea como si no, se moverá en ciertos ambientes donde se cuecen situaciones diferentes a las habituales; comenzará un periodo muy activo de relaciones. Por todo lo anterior, se abrirá más de lo previsto, aunque sin quitar el pie del freno.

Febrero

A medida que transcurra el mes, tendrá tres o cuatro frentes donde podrá desconectar del mundo, quizás alguno esté ligado al mundo profesional. A finales de febrero, sucederá lo inevitable: si no pesca, será pescado. Pese al ambiente de juerga, conviene ser parco en las confesiones, por lo que únicamente le quedará la vía de disfrutar de la intimidad y de los gustos comunes. Tenderá a no respetar los horarios que tiene establecidos, sin por ello romper totalmente su equilibrio.

Marzo

Después de la primera semana, las reacciones de alguna persona o los giros de una situación harán que su ánimo decaiga un poco, al compás de la Luna, que va decreciendo. El mundo laboral le exigirá más y no estará todo lo fino que quisiera para conducir una relación. Le serán de ayuda pequeños trucos, como los cambios de imagen o de vestuario. Se encontrará mejor con las amistades y los grupos menos íntimos, aunque persistirá el riesgo de recibir una puñalada por la espalda. Otros Tauro optarán por los placeres personales o dejarán hacer a los otros, a los que brindarán su colaboración.

Abril

Aunque su tendencia general sea estar bajo, encontrará que, durante todo el mes de abril, sus acciones suben. Los que le conocen bien, le tratan a menudo o le aprecian, notarán esta ambivalencia y querrán complacerle. A medida que pasen los días verá cómo su agenda se llena de invitaciones, aunque mantendrá el suficiente criterio para separar la paja del grano, más aún si tiene que decantarse por un bando o por otro.

Mayo

Hacia mediados del mes de mayo su postura estará bastante más clara. Alcanzará un punto en el que será capaz de elaborar argumentos suficientes para que sus palabras sean tenidas en cuenta en los círculos que suele frecuentar.

Junio

A partir de aquí se inicia una nueva serie de vibraciones diferentes, quizá por la llegada del verano. Probablemente, frecuentará más sus círculos habituales, en los que se incluyen la familia y los amigos. Muchos Tauro tendrán más tendencia hacia lo recreativo que hacia lo amoroso, que se encuentra más sujeto a discusiones o rupturas.

Julio

Durante la primera quincena del mes, la tónica general es de desahogo y de confesiones íntimas, las cuales pueden estar ligadas a las relaciones amorosas o amistosas; de todas maneras, será mejor que no haga muchas confidencias y que se mantenga a la altura de las circunstancias. En la segunda quincena, se producirán pequeños avances y serán más habituales los favores dentro de la pareja.

Agosto

Después del día 10, preferirá más una relación de pareja que la presencia de mucha gente. Tenderá a mantener conversaciones muy interesantes y variadas, de aprendizaje mutuo. Para muchos Tauro, surgirá una ocasión, ligada a lo laboral, directa o indirectamente. Se desenvolverá bien si, en una relación, son las cuestiones idiomáticas lo único que les separa. La tendencia a la elegancia y a darse caprichos aumentará, lo que en el fondo puede ser una de las bazas de su conquista.

Septiembre

A medida que transcurra el mes, notará que las personas que le interesan le llevarán rápidamente a su terreno; le será difícil negarse, pues, de hecho, ambos saben de qué va el asunto y, si se gustan, no harán falta muchos rodeos. Los momentos anteriores y posteriores de esta relación le causarán turbulencias que no podrá disimular, lo que se realzará si, además, mantiene una relación fija u oficial. Si en algún momento tiene que fijar alguna cita, decántese preferiblemente por los martes o los viernes, ya que los sábados puede encontrarse más expuesto a padecer decepciones o pequeños problemas.

Octubre

Puede ser un mes memorable en lo erótico-afectivo, si no se fija en la fecha de caducidad, lo que no quiere decir que no vaya a durar. Los problemas laborales le exigen una salida y estos no dejan de estar bajo un signo sensual y necesitado de lo táctil. Quien le seduzca, conducirá el juego; además, los Tauro más atrevidos se quedarán asombrados de sí mismos, ya que, sexualmente, pueden llegar a tener más prestaciones que una navaja suiza. Algunos nativos de este signo sufrirán acosos muy directos, pero parte de la culpa será suya ya que, a veces, no se es lo que se quiere aparentar, sino lo que se emana.

Noviembre

Este mes no le será favorable y lo notará, ya que puede que le cueste digerir los momentos que le tocará vivir. Habrá quien quiera poner la quinta marcha con usted e, incluso, que esté dispuesto a sacarle de sus escenarios habituales; de hecho, esto le iría estupendamente. Algunos aspectos de su relación le llevarán a etapas de amor y odio, pero ¿qué puede hacer ante tanto avance tecnológico en los métodos de seducción?

Diciembre

El puente de principios de diciembre se inicia con Venus opuesto a su signo, por lo que debe apresurarse a dejar todas las obligaciones laborales que tenga lo más controladas, si se propone salir a descansar un poco. Durante estos días no se olvidará de las recriminaciones, pero con el transcurrir de los días quizá sea el otro el que ponga las cosas en claro. Un eclipse el día 21 ennegrecerá las fiestas a todo el mundo y, aunque no afecte directamente a su signo, puede tener repercusiones en su afectividad y en sus sentimientos en general y, naturalmente, en el humor sobre el ligue que tenga a tiro.

Para la mujer Tauro

Una mala incidencia de Marte durante la primera parte del año puede exponerla a formas sublimadas de machismo; aunque usted tiene carácter, a veces reacciona tarde e incluso con furia, lo que puede agravar las cosas. Se producirá una carambola a tres bandas sobre su emotividad como consecuencia de los pros, los contras y su instinto, sensual y posesivo.

Para el hombre Tauro

Usted no suele padecer de feminismo, ya que su carácter es más bien masculino. Aunque va muchas veces a lo suyo, no tiene problemas para felicitar a una mujer, si esta realmente lo merece; siempre que ambos acepten ciertas reglas, se mantendrá en su papel. Este año tiene la oportunidad de demostrarlo, al tiempo que disminuyen ciertas defensas ante el otro sexo, aunque sigue costándole tratar a las mujeres como iguales.

Salud

Primer trimestre

Las tendencias que se hayan perfilado desde el otoño anterior seguirán durante un tiempo, aunque quizás este sea el momento en que algo se manifieste o apriete más. Se preocupará más de lo debido si existe un factor incierto o que no puede controlar; en el caso de que no sea grave, podría exigir de usted unas rutinas molestas. También puede afectar a gente de su entorno privado o profesional, y repercutir sobre su comportamiento cotidiano. En este año será habitual que tenga que ir al médico con frecuencia y que se produzcan visitas a los hospitales o pequeñas escapadas durante la semana a ver a un amigo especialista en el tema.

Hacia mediados de febrero pasará por un buen momento para algunos tratamientos o para tomar precauciones, tanto relacionados con sus problemas habituales como dentro del amplio abanico de posibles dolores, especialmente los nativos de los últimos días del signo. También es el momento ideal para superar vicios y todo lo que se relacione con la desintoxicación corporal. Con la Luna nueva del 15 de marzo se iniciará un periodo en que, aunque no se encuentre del todo bien, se movilizará oportunamente, si es necesario. Probablemente faltará al trabajo en alguna ocasión.

Segundo trimestre

El principio de la primavera no se le suele dar bien al signo y, si bien los nativos no dejan de tener la protección de su planeta Venus durante gran parte del periodo, no hay que descuidar el incordio general que producen unas aflicciones al eje Virgo-Piscis, signos asociados tradicionalmente a la salud y al trabajo.

Durante la tercera semana de mayo estará más expuesto a estos problemas, por lo que habría que aumentar las defensas y los cuidados, incluso ante alergias o trastornos gastrointestinales; debido a los cambios bruscos de tiempo, tendrá que alterar su dieta. Se encuentra expuesto a catarros y trastornos bronquiales, además de otros problemas esporádicos.

A mediados de junio, dispondrá de una cuota extra de energía que contrarrestará cualquier tipo de dolencia y un pronunciado desagrado, propio de su signo, a ver amenazada su salud. El cielo parece decir que si quiere bienestar, tendrá que trabajárselo y no esperar al último momento.

Tercer trimestre

Con el eclipse del 11 de julio, su instinto o algún síntoma le indicará que algo no cuadra con su estado general habitual; tal vez sea el riguroso calor, que incrementa las dolencias asociadas normalmente a su signo. Aquellas personas nacidas durante los últimos días del signo disfrutarán de un momento óptimo para enderezar algún problema crónico.

En agosto habrá una lucha entre deseo y contención en las comidas y las actividades típicas del verano; le costará aliviar el cansancio que arrastra, pero a medida que transcurra el mes, su tono vital aumentará considerablemente. Le conviene llenar el tanque a tope antes de retomar la rutina, ya que Saturno se instalará definitivamente en su sector de la salud; de todas formas, la actitud en septiembre será positiva, si mantiene el propósito de cuidarse, sin olvidar que la ansiedad y los estados emotivos alterados también entran en el mismo paquete. Algunos Tauro tendrán tendencia a las infecciones o a las alteraciones en la garganta y el aparato urogenital.

Cuarto trimestre

La primera parte de octubre resultará excelente para los tratamientos, especialmente para las personas nacidas en los últimos días del signo. Sin embargo, también será positiva para el resto de los Tauro, más dados durante este periodo a encontrar un nuevo estilo de vida que les lleve a estar bien con ellos mismos, aunque esto, a veces, viene después de sufrir una decepción. Al llegar a las antípodas del signo, es decir, noviembre, será conveniente que busquen atención médica y nuevos diagnósticos, sobre todo a mediados de mes. Esto marcará una época en la que habrá un mayor conocimiento sobre cómo se encuentra y ya no servirán las excusas para actuar de forma correcta.

El eclipse del 21 de diciembre no cae en mal ángulo con su signo y, en las fiestas, estará más inclinado a excederse con la bebida que con la comida. Podrá darse algún capricho sin desobedecer por ello a las señales de *stop* que le mande su cuerpo.

Economía y vida laboral

Primer trimestre

Es posible que el trabajo y sus problemas interfieran con su salud, o viceversa, algo que no resulta nuevo. Este hecho se potencia durante el invierno, aunque será la tónica habitual de todo el año; sin embargo, los Tauro no serán los únicos en padecer estos problemas, cuya causa serán otras personas cercanas en su vida, profesional o privada, o incluso leyes o regulaciones nuevas.

Al ser un signo muy obsesivo, usted continuará trabajando aun en fin de semana. Si trabaja sentado, harán que se levante más de lo habitual de su silla y estará sujeto a las molestias del aire acondicionado. Se le presionará si tiene que presentar informes o balances, por lo que pueden darse momentos de mucho estrés. Tendrá suerte si puede cogerse algunos días por razones de estudio o por viajes; naturalmente, también disfrutará la sacrosanta hora del desayuno, ya que cada uno de sus compañeros traerá las novedades más estrafalarias y no quiere perderse ciertos seriales. En el ínterin del periodo, habrá alteraciones de programación o de los servicios informáticos. Debido a su signo, otros podrán delegarle trabajo; lamentablemente, usted no podrá hacer lo mismo. En un gran número de ocasiones tendrán razones fundadas para ello, pero existen grandes probabilidades de que, por un motivo u otro, tengan que hacerlo en franjas horarias que resolverán su agenda. Los profesionales liberales tendrán suerte con la clientela o con las colaboraciones con otros de su ramo.

Segundo trimestre

El trabajo continúa haciéndose pesado, dado que al tono bajo propio de los meses anteriores al cumpleaños, se agregan los problemas coyunturales añadidos para una gran mayoría de trabajos que obligan a concentrase en el momento y a improvisar, algo nada taurino, tanto si tiene que decidir en lugar de otros otros como si otras personas han de hacerlo por usted.

Muchos Tauro se verán en un tira y afloja con la directiva; aun así, durante gran parte de abril, la economía parece que funcionará mejor y, para algunos, será un buen momento para buscar un nuevo empleo, librarse de alguna modificación o procurarse alguna situación más cómoda en el trabajo. Otros dispondrán de mejores ideas para que la cosa funcione. También es el momento en que algunos hechos le darán la razón sobre algo que sugirió, muy especialmente todo lo relacionado con modos de comprar o vender, y con la financiación o el arte de los números, que constituye una de las bazas fuerte del signo.

Desde mediados de mayo, algunos asuntos pendientes empiezan a moverse, también aquellos que afectan a su economía. Es un momento que exige una mayor comunicación, trámites y el movimiento en diversos frentes. Los días que van desde el 12 hasta San Juan serán los mejores de este periodo para establecer contactos y poner en marcha trámites diversos; se trata de lo único que faltaba a su economía.

Tercer trimestre

Con el eclipse del 11 de julio, si bien el epicentro para los Tauro se encontrará en el entorno, los estudios, los medios de locomoción, los hermanos y, de rebote, la familia, puede haber complicaciones debido a los colegas o a la ausencia de personal. No obstante, aquellos que trabajan en el mes de agosto sabrán montárselo bastante bien, ya que la presencia conjunta de Venus y Marte en su sector laboral les favorecerá, tanto si hay que lidiar con la competencia como si tiene que reunir las condiciones necesarias para que sea elegido para cubrir una vacante.

Es posible que gane bastante dinero, si se ocupa habitualmente de negocios veraniegos, pero esto dependerá, sobre todo ahora, de su suerte individual.

La vuelta coincidirá con la entrada definitiva de Saturno en su sector laboral durante dos años; sin embargo, no todo serán pegas y problemas, ya que muchos Tauro tienen muy claro que deben buscar alternativas, incluso en otras áreas de la vida de las que últimamente han descubierto su importancia.

Cuarto trimestre

Octubre es un mes generalmente importante para sus ocupaciones, especialmente si se trata de su empleo. El planeta Venus se moverá durante casi todo el periodo por el signo opuesto, Escorpio, lo que puede producir un sentimiento real, o combinado, con su natural desconfianza, llevar a la sensación de que otras personas invadan su espacio o que lo agobien con exigencias. Este puede ser uno de los motivos, aunque quizás haya otros personales o relacionados con su entorno, para que no trabaje del todo a gusto. En los últimos días de noviembre, algo se aclara o reequilibra.

En diciembre, le movilizará secretamente la esperanza de llegar a cumplir ciertos anhelos, muchos de ellos, sea cual sea su situación, serán de tipo financiero: cobrar lo que le deben, resolver deudas, obtener finalmente una ayuda pedida hace tiempo y cosas por el estilo. Pues sí, los Tauro lo tienen bastante bien. Los comerciantes podrán fiarse de sus mejores clientes, para los cuales guardarán todas las atenciones y primicias.

Es un momento para no olvidar la sentencia «Ayuda si quieres ser ayudado, y si eres ayudado, ayuda tú también», una máxima universal que convendría tener presente durante todo el año.

Vida familiar

Primer trimestre

En este trimestre continuará la presencia del inquieto Marte en los asuntos domésticos: supuestamente, usted sabe lo que esto comporta, por lo que repasará las experiencias que este tránsito le trajo hasta ese momento en la vida hogareña, sin dejar de lado ciertos picos de cosas buenas o necesarias para la mejoría o el confort de casa. Habrá cierta marea de fondo respecto a la postura o al comportamiento de la familia política que se dio durante las fiestas, por lo que es posible un alejamiento o un enfriamiento. Tal vez se produzca alguna réplica en enero.

Los servicios y los transportes subirán, como si no pasara nada. No cambie a la baja las categorías de su seguro ya que, estadísticamente, es el momento más propicio para que suceda algún percance automovilístico.

El mes de febrero no estará muy inspirado en cuanto a lo doméstico y sus rutinas, pero su realismo a la hora de encarar lo ineludible con tesón saldrá a la luz una vez más. Por una causa o por otra, habrá alteraciones en el uso o un énfasis de los espacios de su hogar, lo que le inclinará a hacer ciertas modificaciones, deseadas o no.

Durante la primera quincena de marzo deben evitarse los descuidos, la pérdida de objetos y los trastornos por las lluvias o las humedades domésticas.

Segundo trimestre

Hasta el 10 de junio, un largo tránsito de Mercurio por su signo le permitirá encontrar ideas oportunas en los asuntos de los hijos, que ocuparán gran parte de su atención; no debe desatender el diálogo con ellos. Hacia la segunda mitad de mayo existen mayores posibilidades de que algún hecho vinculado a sus vástagos se resuelva de la mejor manera posible.

A mediados de junio, la implicación será mayor y algunos Tauro tendrán que mediar en las tiranteces que hay entre su cónyuge y sus hijos, o alguno de ellos en especial. No obstante, muchas iniciativas que ha tenido su pareja durante el año han sido buenas, aunque se hayan llevado a cabo de manera irregular e intermitente.

Desde la última semana de mayo hasta mediados de junio podrán darse momentos de alegría en su hogar, lo que también puede indicar un tiempo en que se cumple algún anhelo en relación con los suyos.

Durante gran parte del mes de junio, todo lo relativo a sus hermanos y a su entorno cobrará una gran importancia, y más aún si está unido a ellos por intereses comunes, sean de la índole que sean.

Tercer trimestre

El eclipse de mediados de julio afecta a lo familiar y a lo hogareño en lo general, por lo que algunas situaciones cambiarán drásticamente. No obstante, se trata de un buen momento para las mudanzas, los arreglos postergados o la búsqueda de una vivienda o un local a un buen precio.

Agosto será un buen mes para tratar en pareja los asuntos de los hijos y avanzar en sus posturas; si son ecuánimes, no obstante, estarán sujetos a algún susto si su hijo es joven. Alguno de los críos demostrará un cierto partidismo hacia usted. Si se va de vacaciones, verá que fue acertado elegir la mejor fórmula posible de acuerdo con sus gustos o su economía. Si su pareja trabaja, buscará la manera de aliviar esta situación.

Tendrán problemas de accesos, relacionados con las puertas o la pérdida de llaves; eludan tratar a la gente en la entrada de casa, pues conviene buscar otros escenarios.

En septiembre aterrizarán bien y algunos asuntos se encarrilarán mejor después del día 13, incluidos también los de su cónyuge o hijos. Su relación con estos entra en otra dinámica diferente de la dada hasta ahora, como si le quitasen un peso de encima.

Cuarto trimestre

Venus estará en contra de su signo durante la mayor parte del periodo y se encontrará a merced de Marte, lo que hará que se compliquen las relaciones con su pareja. Habrá motivos para las sospechas, ya que la notará más misteriosa de lo habitual. Dependerá de su grado de indiferencia, pero habrá ciertas puñaladas que lo pondrá aún más furioso de lo normal.

Las parejas pueden pasar momentos bajos, salvo aquellos Tauro que inicien una convivencia, ya que se trataría principalmente de problemas de ajuste. Conviene no llevar los problemas de pareja al dormitorio, pues será una especie de analgésico para las relaciones.

Un lapso entre el día 9 y finales de noviembre hará que ciertas situaciones cambien y que algunos aspectos puedan tratarse más abiertamente. Cerca de las fiestas navideñas, otro eclipse como el del año anterior vendrá a poner la nota; sin embargo, usted seguirá planificando sus estrategias de forma secreta por si acaso, especialmente si es mujer. De nuevo puede incluir a gente mayor en su vida y a la familia política.

www.ingramcontent.com/pod-product-compliance
Lightning Source LLC
Chambersburg PA
CBHW060208050426
42446CB00013B/3023